Hugo Münsterberg

Der Ursprung der Sittlichkeit

Hugo Münsterberg

Der Ursprung der Sittlichkeit

ISBN/EAN: 9783743647183

Hergestellt in Europa, USA, Kanada, Australien, Japan

Cover: Foto ©ninafisch / pixelio.de

Weitere Bücher finden Sie auf **www.hansebooks.com**

DER URSPRUNG

DER

SITTLICHKEIT

VON

HUGO MÜNSTERBERG.

FREIBURG I. B. 1889.
AKADEMISCHE VERLAGSBUCHHANDLUNG VON J. C. B. MOHR
(PAUL SIEBECK).

Druck von Gebrüder Kröner in Stuttgart.

Inhalt.

	Seite
Einleitung	1
I. Die Merkmale der Sittlichkeit	10
II. Die Vorstufen der Sittlichkeit	40
III. Die Entwickelung der Sittlichkeit	69
IV. Der Wert der Sittlichkeit	98

Einleitung.

Die Frage nach dem Ursprung eines Gegenstandes beansprucht in den sogenannten philosophischen Disziplinen, besonders in der Logik, Aesthetik und Ethik, eine noch grössere, vor allem eine weit mehr grundlegende Bedeutung als in den übrigen Erkenntnisgebieten. In allen sonstigen Natur- und Geisteswissenschaften kann die entwickelungsgeschichtliche Zurückführung der Betrachtung auf den ersten Anfang des Objektes lediglich unsere Spezialkenntnis von demselben bereichern; hier aber vermag gerade diese Fragestellung eine Antwort darüber zu erzielen, welche Bedeutung und welcher Platz der betreffenden Wissenschaft im Gesamtsystem menschlichen Wissens zukommt.

Wenn, um auf die Ethik zu exemplifizieren, das Objekt derselben, die sittliche That, so alt ist wie die Menschheit, wenn mit dem ersten vernünftigen Wesen das Sittengesetz und die Sittlichkeit da war, so würden die empirischen Thatsachen es in hohem Masse begünstigen, den Ursprung der Sittlichkeit, wie üblich, in metaphysischem Dunkel verhüllt zu lassen und dadurch der Ethik einen Platz inmitten der Metaphysik einzuräumen, abgesondert von allen positiven Wissenschaften, in engstem Zusammenhang mit Spekulationen über die letzten Gründe und das innerste Wesen des Daseins. Wenn dagegen die Sittlichkeit lediglich eine auf bestimmter Entwickelungsstufe sich herausbildende Form des sozialen Handelns wäre, wenn ihr Ursprung aus biologisch-psychologischen Gründen im einzelnen verfolgbar wäre, wenn der Sittlichkeit ein sittlichkeitsloser Zustand vorausgegangen wäre und wenn alle Faktoren, welche die Entstehung und Entwickelung der Sittlichkeit beeinflussen, natürlichem Verständnis zugänglich wären: dann bliebe von der Berechtigung ihres philosophischen Ehrenplatzes nichts übrig. Die Ethik müsste sich in Reih und Glied mit ganz profanen Wissenschaften stellen, mit der Lehre von der Volkswirtschaft und dem Staat und dem Mythus; kurz sie wäre eine Untersuchung, Beschreibung und Erklärung einer einzelnen unter anderen sozialen Errungenschaften.

Freilich auch ohne diese entwickelungsgeschichtliche Untersuchung ist jeder, der von der Betrachtung moderner Wissenschaft sich zu den neueren Klassifikationsversuchen derselben wendet, von vornherein über die Gezwungenheit erstaunt, mit der man noch immer die philosophischen Disziplinen, die Ethik in der Mitte, als besonderen Wissenschaftskomplex von dem übrigen Wissen loslöst. Immer noch, wie zu jener Zeit, als die genialen Begriffsspekulationen der dogmatischen Metaphysiker für Wahrheit galten, werden Metaphysik, Psychologie, Logik, Ethik, Aesthetik, Pädagogik, Naturphilosophie und Religionsphilosophie zu einer Einheit zusammengefasst. Die Verteilung der Wissenschaften an die Lehrstühle der Universitäten deckt sich ja allerdings mit dieser Einteilung aufs beste; aber, wenn wir auch im Inhalt der Wissenschaften heute keinen Grund mehr finden, weshalb der Philosoph ausser der Philosophie gerade noch Psychologie und nicht etwa Mechanik, weshalb er Logik und nicht Mathematik, weshalb er Ethik und nicht Privatrecht, weshalb er Pädagogik und nicht medizinische Therapie vortragen soll, so können wir diese administrative Verteilungsfrage aus den historischen Traditionen verstehen, die ja stets die alte Form eine Zeitlang noch dem neuen Inhalt aufzwängen, bis das Missverhältnis gar zu arg wird. Für die Psychologie dürfte die Zeit sich erfüllt haben, für die Ethik wird es wohl noch lange dauern. Doch was den praktischen Verwaltungsgebräuchen als historische Entschuldigung dient, das hat keine entschuldigende Kraft für die, an keine Traditionen gebundenen, theoretischen Einteilungsversuche, die der Wissenschaft auf dem Fusse folgen sollen, ihr nicht aber mit wachsendem Zwischenraum nachhinken dürfen.

Der wirkliche Zustand der Wissenschaft ergibt, wenn es erlaubt ist, die äussersten Gesamtumrisse anzudeuten, um so die Stellung der Ethik und ihre Aufgabe klarer zu erfassen, etwa folgendes Bild. So wie das einzelne Individuum ohne Reflexion von vornherein seinen Bewusstseinsinhalt in zwei Systeme sondert, in die Wahrnehmung der Aussenwelt und die Erlebnisse der Innenwelt, seine Erfahrungen also zum Teil auf die Regungen seiner eigenen Seele, zum Teil auf die Veränderungen der tastbar sichtbaren Körperwelt bezieht, so scheidet auch das menschliche Gesamtbewusstsein zunächst seinen Erkenntnisinhalt in Wissenschaften, welche sich auf die Vorgänge der Körperwelt beziehen, und Wissenschaften, welche psychologische Vorgänge zum Gegenstand haben. Seine Kenntnis von den Veränderungen der nur in ihren Lageverhältnissen veränderlich gedachten Materie vereinigt das Gesamtbewusstsein in den Naturwissenschaften, seine psychologischen Erlebnisse dagegen in den Geisteswissenschaften.

In beiden Gebieten handelt es sich lediglich um Vorgänge; Vorgänge, die dort auf die Substanz der Materie, hier auf die psychischen Subjekte bezogen werden. In beiden Gebieten aber lässt sich gewissermassen an jeder Stelle des fliessenden Stromes ein Querschnitt legen, es lassen sich die durch jene Veränderungen in bestimmtem Moment oder an bestimmtem Ort erreichten Ergebnisse festhalten, isolieren und mit einander vergleichen, und besonders, wo solche Veränderungsergebnisse relativ lange sich konstant erhalten, wird an sie, als das verhältnismässig Beharrende, die Betrachtung vornehmlich anknüpfen. So kommt die Naturwissenschaft dazu, in ihrer Lehre von den Naturvorgängen die relativ lange beharrenden Ergebnisse der natürlichen Veränderungen als Naturgegenstände gesondert zu behandeln, und ebenso die Geisteswissenschaft, in ihrer Lehre von den Vorgängen des Gesamtbewusstseins die Geisteserzeugnisse einer bestimmten Zeit oder eines bestimmten Subjekts als feste Punkte zu betrachten. In den Naturwissenschaften beschäftigen sich Physik, Chemie, Physiologie, Pathologie, Entwickelungsgeschichte mit den Vorgängen, Astronomie, Geographie, Mineralogie, Botanik, Zoologie, Anthropologie mit den Gegenständen. In den Geisteswissenschaften ist die Teilung eine ähnliche. Die Vorgänge sind hier einerseits das Erkennen, andrerseits das Wollen, und zwischen beiden stehend das Sichverständigen der verschiedenen psychischen Subjekte, das stets Wollen und Erkennen zugleich ist. Die Vorgänge des Sichverständigens innerhalb des Gesamtbewusstseins sind in der Sprachentwickelung gegeben. Der Vorgang des Erkennens ist in der Geschichte der einzelnen Wissenschaften und religiösen Dogmen dargestellt; und der Vorgang des Wollens wird, je nachdem die gewollten Handlungen auf die Wechselbeziehungen der Einzelgeschöpfe, oder auf die Behandlung der Natur, oder auf die Beziehungen zu übersinnlichen Wesen sich erstrecken, das erste in der Entwicklungsgeschichte der politischen, wirtschaftlichen, gesellschaftlichen, rechtlichen und sittlichen Lebensformen, das zweite in der Entwickelung der technischen und künstlerischen Leistungen, das dritte in der Geschichte der religiösen Kulte behandelt.

Die entsprechenden Wissenschaften, welche sich mit den in bestimmter Zeit an bestimmtem Ort erreichten Ergebnissen dieser Vorgänge, den einzelnen Geisteserzeugnissen, beschäftigen, wären die Sprachen, sodann die Systeme einer bestimmten Wissenschaft oder Religion; an diese, welche die menschliche Weltanschauung in einem einzelnen Zeitpunkt ihrer materialen Seite nach darstellen, schliessen sich hier diejenigen Wissenschaften an, welche in systematischem Zusammenhang die äusseren Formen der Weltanschauung isoliert wiedergeben: Logik, Mathematik, Methodenlehre. Es folgen die Systeme und Schöpfungen eines bestimmten politischen, wirtschaftlichen, gesellschaftlichen, rechtlichen, sittlichen Zustandes, die Systeme und Schöpfungen einer bestimmten Technik und Kunst, die Systeme eines bestimmten Kultus. Dass bei all diesen systematischen Darstellungen des Ergebnisses psychischer Vorgänge in bestimmtem Zeitpunkt in bestimmter Sphäre gerade der Moment der Gegenwart und die Sphäre unserer Kultur das bedeutendste Interesse in Anspruch nimmt, ist selbstverständlich; das System unserer Nationalökonomie, unseres Rechtes, unserer Sittlichkeit u. s. w. ist daher gemeinhin das einzige System, dessen Darstellung für uns den Charakter besonderer Wissenschaft hat, die Systeme früherer Zeitmomente sind uns, die Sprachen ausgenommen, gewöhnlich nur als Stufen der Entwickelung wertvoll.

Nun operieren alle diese Natur- und Geisteswissenschaften mit Grundthatsachen, die von ihnen nicht geprüft und nicht dargestellt, sondern ohne weiteres vorausgesetzt werden; auch diese Elementarvorgänge, die in den skizzierten Wissenschaften zur Anwendung kommen, verlangen wissenschaftliche Behandlung und finden sie in der Mechanik einerseits und der Psychologie anderseits. Die Mechanik behandelt die von den Naturwissenschaften vorausgesetzten Elementarerscheinungen, die Psychologie des Individuums leistet dasselbe für die Geisteswissenschaften; die Naturerscheinungen sind somit erst dann erklärt, wenn sie auf Mechanik der Atome, die Vorgänge des Gesamtbewusstseins, wenn sie auf psychologische Thatsachen des Einzelbewusstseins zurückgeführt sind.

Aber sind denn Mechanik und Psychologie voraussetzungslos? Nein. Was Kraft und Stoff und Raum und Zeit und Bewegung, was Empfindung und Gefühl und Wille und manches andere ist, das wird von ihnen als bekannt vorausgesetzt und ihre Existenz nicht weiter geprüft; die Bewegungen und Empfindungen werden beschrieben, aber was denn eigentlich die Bewegung ist, das prüft keine Mechanik, und was eigentlich eine Empfindung ist, untersucht keine Psychologie. Es muss also eine Wissenschaft geben, welche sich mit den Voraussetzungen dieser beiden Wurzelwissenschaften befasst, eine Wissenschaft von diesen letzten Grundbegriffen alles Wissens. Da stellt sich denn heraus, dass diese Wissenschaft von allen übrigen durch ihre Methode fundamental getrennt sein muss, dass es sich hier nicht mehr um eine Beschreibung des Erfahrungsinhaltes handelt, sondern dass diese letzten Voraussetzungen physischer und psychischer Erfahrung nur dann weiter zurückverfolgt und auf noch einfachere Thatsachen zurückgeführt werden können, wenn wir nicht den in ihnen gegebenen Erfahrungsinhalt analysieren, sondern die Erkenntnisbedingungen aufsuchen, unter denen er zustandekommt. Alles, was im Raume vorging, konnten wir untersuchen, indem wir den Raum durchforschten; was der Raum selbst ist, können wir nicht im Raume finden. Das können wir nur dadurch dem Verständnis näher bringen, dass wir die Bedingungen kennen lernen, unter welchen für unser Bewusstsein die Vorstellung des Raumes entsteht. Kurz jene Wissenschaft, welche die letzten Grundbegriffe untersucht, hat ihre eigene Methode, indem sie die Entstehung jener Begriffe aus den Erkenntnisbedingungen ableitet; sie ist Erkenntnislehre.

Nun war es von jeher die einzige Aufgabe der Philosophie, eine einheitliche Weltanschauung zu schaffen. In den ältesten Zeiten bestand dieselbe in der einfachen Summierung aller Kenntnisse; Philosophie war daher identisch mit Wissenschaft. Als aber das Erfahrungswissen immer reicher wurde, da musste die Philosophie sich darauf beschränken, ihre Aufgabe, die Herstellung einheitlicher Weltanschauung, dadurch zu erfüllen, dass sie zwischen den zerstreuten Einzelwissenschaften das verknüpfende Band zu weben sich bemühte. In vorkritischer Zeit konnte sie es nicht anders als durch metaphysische Spekulationen, welche Psychologie und Logik und Ethik sich dienstbar machten; aber Logik und Ethik und Psychologie, sie hatten doch eben nur die eine Aufgabe, im Dienste der Metaphysik jene Einheit menschlichen Wissens herzustellen. Seitdem hat sich das Verhältnis der Wissenschaften verschoben; Ethik und Psychologie und Logik sind selbst solche zerstreute Einzelwissenschaften geworden, und wir sehen anderseits die Aufgabe, eine höhere Einheit für die Gesamtheit des Wissens herzustellen, völlig der Erkenntnislehre zuerteilt, insofern sie die letzten Grundbegriffe der natur- und geisteswissenschaftlichen Erfahrung auf die gemeinsamen innersten Erkenntnisbedingungen zurückführt. Dürfen wir da noch zaudern, jene früheren philosophischen Disziplinen von der Philosophie abzulösen und in die Einzelwissenschaften einzureihen, den Namen der Philosophie aber lediglich der Erkenntnislehre, der kritischen Erkenntnistheorie zuzuerteilen? Eine frühere philosophische Disziplin steht dann freilich verwaist da, die Metaphysik. Aber wir dürfen nicht vergessen, dass ja auch die Erkenntnistheorie nun wieder ihrerseits mit Voraussetzungen operieren muss, die sie selbst nicht prüfen, sondern nur hinnehmen kann. Die Thatsache des Bewusstseins und damit des Seins überhaupt muss von der Erkenntnistheorie stillschweigend vorausgesetzt werden. Dieselbe wissenschaftlich zu erklären, d. h. auf noch einfachere Thatsachen zurückzuführen, ist wissenschaftlich nicht denkbar; jeder Bewusstseinsinhalt kann auf Bedingungen des Bewusstseins zurückgeleitet werden, das Bewusstsein selbst muss als Thatsache hingenommen werden, bei deren Setzung die Wissenschaft stehen zu bleiben gezwungen ist. Gemüt und Phantasie sind an diese Schranke nicht gebunden. Die poetische Phantasie und das religiöse Gemüt vermag sehr wohl diese einfache Grundvoraussetzung in ansprechende Verbindung mit komplizierteren Erscheinungen der Erfahrungswelt zu bringen und so die letzten Voraussetzungen in glatten Schlüssen zurückzuführen auf andere Thatsachen, glaubend, den Urgrund des Seins damit erklärt zu haben, während lediglich der Umstand vergessen wird, dass jene anderen Thatsachen zu ihrer eigenen Existenz schon jener Voraussetzung bedürfen, die aus ihnen sich als Folge ableiten lassen soll. Wissenschaft lässt sich das nicht nennen, da es falsch ist, alles das Wissenschaft zu nennen, wo etwas begründet und geschlossen wird; es ist auch nötig, dass die Urteile, an welche die Schlüsse anknüpfen, Thatsachen enthalten. Will man dagegen für solche Begriffsdichtungen, wie sie ja immer noch auftauchen, den Namen Metaphysik, wegen der Verwandtschaft der Methode mit der klassischen Metaphysik, beibehalten, so wird sich schwerlich etwas dagegen einwenden lassen.

So hat denn die Ethik im System der Wissenschaft sich weit, sehr weit von der eigentlichen Philosophie getrennt; aber noch mehr, sie hat dadurch auch völlig den Charakter einer sogenannten »Normwissenschaft« eingebüsst. Täuschen wir uns doch darüber nicht, dass, wenn wir wirklich noch von Normwissenschaften reden wollen, wir eigentlich alles so bezeichnen können. Die Wissenschaft umfasst das menschliche Wissen, das menschliche Können ist die Kunst; die Fähigkeit, zu heilen, oder eine fremde Sprache zu sprechen, oder ästhetische Leistungen, oder logische Schlüsse, oder sittliche Handlungen produzieren zu können, gehört also nicht in die Wissenschaft.

Dass alle diese Thätigkeiten in unmittelbarstem Zusammenhang mit der Erkenntnis, also mit der Wissenschaft, stehn, ist selbstverständlich; niemand heilt, der nicht erkannt hat, dass, wenn dieses und jenes am kranken Körper geschieht, dieser und jener Erfolg eintritt, und niemand spricht fremde Sprachen, der sie nicht gelernt hat. Aber die Pathologie und Therapie ist keine Normwissenschaft; sie sagt nicht, du sollst so und so den Kranken behandeln, sondern sie sagt: wenn du ihn so behandelst, tritt dieser Erfolg ein. Und die Grammatik sagt nicht: du sollst so sprechen, sondern sie lehrt: wenn du so sprichst, dann redest du die fremde Sprache dem dortigen Gebrauch entsprechend. Ob der Mensch für seine praktische Thätigkeit, für seine Kunst, diese Kenntnisse ausnutzen will, ist eine ganz andere Frage, deren Antwort von der Wissenschaft nicht zu dekretieren ist. So hat denn auch die Logik nichts zu normieren, sondern nur zu beschreiben, unter welchen Bedingungen richtig gedacht wird; die Aesthetik soll nur sagen, wie die Dinge beschaffen sind, wenn sie als schön anerkannt werden, und die Ethik, nicht mehr Normwissenschaft als Physik oder Sprachlehre, zeigt lediglich, welche Handlungen als sittlich gut gelten, so wie die Rechtswissenschaft lehrt, welche Handlungen strafbar sind, und die Volkswirtschaft lehrt, welche Handlungen wirtschaftlich nützlich sind. Ob jemand sich diese sittliche, juristische und ökonomische Erkenntnis zu nutze machen will, geht jene Wissenschaften nichts an; die Wissenschaft hat die Erkenntnis zu bereichern, nicht zu normieren.

Wir waren davon ausgegangen, dass wir vermutlich die richtige Stellung der Wissenschaft vom Sittlichen dann am deutlichsten erkennen werden, wenn wir uns den Ursprung der Sittlichkeit vergegenwärtigen. Thatsächlich können wir aber vorläufig an der versuchten Einordnung festhalten, ohne damit im geringsten der empirischen Untersuchung über den Ursprung vorzugreifen, denn nur die philosophische normative Sonderstellung wird erschüttert, wenn sich die Sittlichkeit als spätes Entwickelungsprodukt herausstellen sollte, ihre Stellung neben Politik, Nationalökonomie und Recht lässt sich dagegen auch dann halten, wenn wirklich der erste Mensch schon die Sittlichkeit zur Welt gebracht hat.

Das aber ist klar, dass, wenn wir der Ethik diese Stellung anweisen, die Wichtigkeit ihrer verschiedenen Aufgaben sich verändert. Wenn die Ethik wirklich die sittlichen Vorgänge im Gesamtbewusstsein zu schildern hat, so wird vor allem die Frage nach dem Ursprung der Sittlichkeit erheblich grössere Wichtigkeit besitzen als früher, wo die einzige Aufgabe der Ethik darin bestand, zu sagen, was wir thun sollen, d. h. das in der Gegenwart erreichte Ergebnis jener psychologischen Vorgänge systematisch zusammenzufassen und mit unwissenschaftlichen praktischen Ermahnungen zu durchweben, wobei die eine Systematisierung der sittlichen Gebote und der sittlichen Güter die andere ablöste, ohne dass man fragte, woher jene Wertschätzung stamme. Will man trotzdem gerade in dieser üblichen Fragestellung die spezifische Aufgabe der Ethik sehen, so wird den hier behandelten Problemen wenigstens nicht die Berechtigung abzusprechen sein, vielleicht als Präliminarien der Ethik gelten zu dürfen.

I.

Die Merkmale der Sittlichkeit.

Die Frage nach dem Ursprung der Sittlichkeit verweist uns unmittelbar in den Kreis der Völkerpsychologie, deren Zusammenhang mit der Ethik schon lange hergestellt ist. Zunächst waren es die anthropologischen und ethnologischen Forschungen, welche Thatsachen aus der Sphäre des sittlichen Lebens von überall her zusammenbrachten, sich aber damit begnügten, das Material ungesichtet anzuhäufen oder es nach äusserlichen Gesichtspunkten zu ordnen. Als dann aber die Diskussion über den Darwinismus auch die Ethik zu entwickelungsgeschichtlicher Untersuchung anregte, da bemächtigte sie sich gern der ethnologischen Vorarbeiten, und ein Versuch nach dem andern entstand, die Thatsachen des sittlichen Lebens aus der anthropologischen Vorgeschichte als notwendiges Produkt zu entwickeln; meist freilich oberflächlich und unkritisch, weniger aus dem Bedürfnis, die Elemente des sittlichen Lebens in ihren Keimen aufzusuchen und in ihrer Entwickelung zu verfolgen, als aus dem Bestreben, der Sittlichkeit die übernatürliche Gewandung abzureissen. Aber auch da, wo rein theoretisches Interesse die Entwickelungsgeschichte des sittlichen Lebens zu rekonstruieren versucht, darf ein ernstes Bedenken gegenüber den bisherigen Versuchen nicht verschwiegen werden, ein Bedenken, das sich selbstverständlich nicht gegen ein einzelnes Werk, sondern gegen die ganze bisher eingeschlagene Richtung wendet. Wenn wir trotzdem an ein einzelnes Buch, an Wundt's Ethik, anknüpfen möchten, so geschieht es lediglich, weil dieses, die soziologisch-ethischen und biologisch-ethischen Arbeiten der Franzosen und Engländer weit überragend, den vorläufigen Höhepunkt jener Richtung darstellt. Gerade weil Wundt, der die Völkerpsychologie als Vorhalle der Ethik betrachtet, alle auf dem bisher bevorzugten Standpunkt sich darbietenden Fragen so tiefgehend und umfassend beantwortet, dass seine Lösung kaum übertroffen werden kann, eben deshalb ergibt sich klar, dass, wenn trotzdem sich kritische Einwendungen regen, der Fehler in der jenem Standpunkt eigentümlichen Fragestellung liegen muss.

Das soll nicht heissen, dass jene Verwertung der Völkerpsychologie für die Ethik missbilligt werden müsse; im Gegenteil, sie bedeutet einen hervorragenden Fortschritt und jene Untersuchungen erscheinen grundlegend, ja geradezu unentbehrlich, aber jene Untersuchungen sind bisher einseitig geblieben, und diese Einseitigkeit darf nicht übersehen werden, wenn nicht arge Schäden für Theorie und Praxis daraus entwachsen sollen. Die unausgesprochene Grundfrage bei Wundt und seinen Vorgängern lautet: wie haben sich diejenigen Handlungen entwickelt, welche wir heute als sittlich schätzen? unbeantwortet bleibt die eigentlich ausschlaggebende Frage: wie hat sich die sittliche Wertschätzung entwickelt? Die frühesten Stadien der sittlichen Entwickelung findet man natürlich dann nicht dort, wo zum ersten Male eine Schätzung stattfand, die unserer ethischen Beurteilung konform ist, sondern dort, wo zum ersten Male, gleichviel aus welchen Motiven, diejenigen Handlungen verrichtet wurden, welche unseren Sittlichkeitsprinzipien entsprechen. Der Begriff der Willensfreiheit und des Pflichtgefühls verliert dadurch seine Bedeutung, das Bewusstseinsmoment der Gesinnung wird dadurch verflüchtigt zu gunsten des in seinem äusseren Erfolg uns sittlich Erscheinenden; die Muskelkontraktion, nicht der Wille rückt dadurch in den Mittelpunkt ethischer Beurteilung.

Gewiss wird, sobald für unsere sittlichen Zwecke ein objektives Kriterium etwa in der allgemeinen Wohlfahrt und

Vervollkommnung gefunden ist, es von hohem Interesse bleiben, durch vergleichende Studien festzustellen, wo die Keime solcher objektiv sittlichen Handlungsweise zu suchen sind und welche Motive zu derselben hingeführt; es darf aber doch nicht übersehen werden, dass jene Motive selbst deshalb noch durchaus nicht sittlich sein müssen, die Entwickelungsgeschichte des sittlichen Fühlens also vielleicht zu ganz anderen Wurzeln hinführt. Ja, wenn Wundt seine interessanten Ausführungen zu dem abschliessenden Ergebnis hinleitet, dass die sittlichen Handlungen sich überall auf gewisse Neigungs- und Ehrfurchtsgefühle zurückführen lassen, so würden wir in diesen Gefühlen [doch nur dann die völkerpsychologischen Anfänge der sittlichen Wertschätzung erkennen dürfen, wenn diese Neigung und Ehrfurcht auch subjektiv sittlichen Wert besessen hätte, eine Frage, die Wundt unbeachtet lässt, die wir aber bei eingehenderer Prüfung entschieden verneinen müssen. Das in seinem Effekt uns sittlich Wertvolle ist für diese ganze Richtung das Sittliche schlechthin, und wenn Wundt in exakter Weise die sittlichen Motive von den sittlichen Zwecken trennt, weil beide sich häufig nicht decken, so versteht er thatsächlich unter sittlichen Motiven auch hier wieder lediglich diejenigen Motive, welche zu objektiv sittlichen Handlungen führen; ob jene Motive auch an sich sittlich sind, ob sie subjektiv sittlichen Wert beanspruchen können, danach wird gar nicht gefragt.

Die Veranlassung zu dieser historisch verfolgbaren Einseitigkeit ist leicht zu erkennen. Die wissenschaftliche Diskussion hat sich ja niemals um die Merkmale des subjektiv Ethischen gedreht; welche Gesinnung, welche Willensrichtung im einzelnen Fall gut und welche schlecht war, das lehrte untrüglich das Gewissen, dazu war keine Wissenschaft nötig. So forschte denn die wissenschaftliche Ethik allezeit eigentlich nur nach den objektiven Kriterien in der stillschweigenden Voraussetzung, dass schliesslich das Entscheidende in dem bekannten subjektiven Thatbestand ruht. Solche objektiven Merkmale sind jetzt mit weitreichender Uebereinstimmung festgestellt, und da die philosophische Ethik den objektiven

Massstab nun zur Hand hat, legt sie ihn sofort auf alles mögliche an, ohne zu beachten, ob ihre Objekte auch subjektiv dazu qualifiziert sind, nach jenem Massstab gemessen zu werden. Weil alle, unserem sittlichen Gefühl entsprechenden Handlungen der Gattung dienen, werden alle der Gattung dienenden Thätigkeiten einfach als sittliche gestempelt, gleichviel welchen Motiven sie ihr Dasein verdanken, ein logischer Missgriff, der bisher alle völkerpsychologische Ethik schädlich beeinflusste.

Soll unser Einwand Anerkennung finden, so muss eins freilich von vornherein zugegeben werden, nämlich dass wir die Kriterien dafür, was überhaupt Sittlichkeit sei, lediglich in unserer eigenen sittlichen Beurteilung finden. Sollte sich zum Beispiel herausstellen, dass als entscheidendes Kriterium unseres Sittlichkeitsbegriffes sich eine bestimmte Art von Wertschätzung ergibt, so würde es damit sehr wohl vereinbar sein, dass bei verschiedenen Völkern und zu verschiedenen Zeiten diese charakteristische Wertschätzung sich auf sehr verschiedene, ja vielleicht entgegengesetzte Objekte bezog; trotz dieses Wandels der sittlichen Anschauungen würde sittliches Leben dennoch mithin überall zu finden sein, wo jene uns charakteristisch erscheinende Form der Wertschätzung überhaupt stattfindet. Sollte sich dagegen herausstellen, dass zu manchen Zeiten oder bei manchen Völkern jene eventuell als entscheidend erkannte Methode der Beurteilung thatsächlich nicht ausgeübt wird, so müssen wir zugeben, dass es dort eine Sittlichkeit nicht gibt, gleichviel ob wir ihre Handlungen sittlich wertschätzen oder nicht; am wenigsten aber dürften wir uns dann, um nur die Kontinuität sittlicher Entwickelung und die Konstanz sittlichen Gefühles zu retten, mit der Behauptung begnügen, dass jene uns für die Sittlichkeit charakteristisch erscheinende Betonung bestimmter Wertschätzung lediglich die unserer Zeit eigentümliche Phase sittlicher Entwickelung repräsentiere, dass zu anderer Zeit, an anderem Ort die Sittlichkeit in etwas ganz anderem als in jener Wertschätzung besteht.

Wenn sich, immer vorausgesetzt, dass der entscheidende

Faktor unserer Sittlichkeit in einer bestimmten Art der Beurteilung besteht, nicht bloss das Objekt dieser Beurteilung, sondern diese selbst sich verändert, so fehlt uns überhaupt ein fester Punkt für die Vergleichung; es ist dann reine Willkür, zu dekretieren, diese und jene Erscheinung früherer Zeit habe ebenfalls als Sittlichkeit zu gelten, obgleich ihr die charakteristischen Merkmale dessen, was wir Sittlichkeit nennen, völlig fehlen. Wer die Entwickelungsgeschichte des Messers verfolgt und als charakteristisch für dasselbe erkannt hat, dass es ein Hilfsmittel zum mechanischen Zerspalten, zum Schneiden ist, der wird doch zugeben müssen, dass diejenigen Völker kein Messer besitzen, welche ein Instrument zum Zerschneiden nicht kennen, er wird aber doch schwerlich, um nur das konstante Vorkommen des Messers zu beweisen, sich darauf stützen, dass jene Völker vielleicht Amulette besitzen, die, niemals zum Schneiden benutzt, eine gewisse Aehnlichkeit zufällig mit unseren Schneidewerkzeugen besitzen. Wir werden also notwendig die charakteristischen Merkmale dessen, was wir Sittlichkeit zu nennen gewohnt sind, vorurteilslos verfolgen müssen und können erst, sobald wir jene entscheidenden Elemente isoliert, an die Frage herantreten, wo die Anfänge der sittlichen Entwickelung zu suchen sind, da überall, wo jene Elemente fehlen, von Sittlichkeit nicht die Rede sein darf.

Die theoretische Untersuchung, welches die charakteristischen Merkmale der Sittlichkeit seien, hat in der Geschichte der Ethik meist die Wendung zu der praktischen Erörterung genommen, welche Handlungen wir ausführen, welche wir unterlassen sollen. Es pflegt zu diesem Zweck der Punkt fixiert zu werden, gegen welchen eine Reihe vom eigenen sittlichen Gefühl gebilligter Handlungen zu konvergieren scheint, und von diesem Punkt aus werden dann die einzelnen Sittengebote deduziert, unbekümmert ob dieselben auch mit der thatsächlichen Wertschätzung sich decken, ja zumeist in dem Glauben an die Berechtigung, diese aus einem Prinzip abgeleiteten Wertschätzungsgebote als die einer notwendigen absoluten Sittlichkeit hinstellen zu dürfen, so dass die historisch gegebenen mehr oder weniger zufällig mit denselben übereinstimmten, resp. unberechtigt, unsittlich waren, wo sie den absoluten Sittlichkeitszwecken nicht entsprachen.

Wer in der blossen Erfüllung solcher Vorschriften die Sittlichkeit sieht, macht nun aber doch, ausgesprochen oder unausgesprochen, die Voraussetzung, dass die entscheidenden Merkmale des ethisch Wertvollen in gewissen objektiven Erfolgen, in äusseren Wirkungen liegen, eine Voraussetzung, die schwerlich aufrecht erhalten werden kann, keineswegs aber stillschweigend angenommen werden darf. Dass die äusseren Erfolge derjenigen Handlungen, welche wir heute sittlich nennen, in ihrer allgemeinen Tendenz etwas Uebereinstimmendes haben, wird niemand bestreiten; sie alle dienen, direkt oder indirekt, in engerem oder weiterem Wirkungskreis, der Erhaltung, Förderung, Vervollkommnung der Menschheit. Gleichviel nun, ob diese Förderung, an der jeder mitwirken soll, im Sinne einer idealen Entwickelung, oder mehr, mit Bezug auf ihre psychologische Wirkung, als grösstmögliche Lust gedacht wird, keinenfalls kann in diesem objektiven Effekt das Kriterium der Sittlichkeit liegen.

Ist denn wirklich jede Handlung sittlich, die für die Förderung der Menschheit, für die Erhaltung der Gattung nützlich ist? Es kommt dabei nicht auf die Antwort der Philosophen an, die ja in der That, um nur die Deduktionen aus ihrem ethischen Grundprinzip zu recht abgerundetem System zu gestalten, sich schliesslich so weit von dem wirklichen ethischen Fühlen der Praxis entfernten, dass, von den notorischen Lastern und Verbrechen abgesehen, so ziemlich jeglicher Muskelkontraktion der Ruhm einer sittlichen Leistung zukam. Fast jede einzige gewollte oder instinktive oder unbewusst reflektorische Bewegung hat natürlich ihre Bedeutung für die eigene Erhaltung und kann so, indem sie die Selbsterhaltung unterstützt, ihren indirekten Nutzen für die Erhaltung und Förderung der Gesamtheit haben. Das sittliche Bewusstsein, das in uns allen lebendig ist, will von diesen Spitzfindigkeiten der Gelehrten nichts wissen, es reserviert den Ehrentitel der sittlichen Leistungen für einen kleinen, sehr kleinen Kreis von

Handlungen, dem nicht nur die unsittlichen, sondern vor allem die Mehrzahl der Bewegungen als sittlich gleichgültige gegenüberstehen. Aber diese dem naiven Bewusstsein sittlich wertlos dünkenden Handlungen bestehen nicht etwa nur in denen der Selbsterfreuung und Selbsterhaltung, in Essen und Trinken oder ähnlichem, das nur indirekt das Allgemeinwohl fördern könnte; nein, unzählige Handlungen, welche sich direkt auf das Wohl der Mitmenschen beziehen, und unmittelbar die allgemeine Wohlfahrt wie die allgemeine Vervollkommnung fördern, werden fortwährend vollzogen, ohne dass ihre Vollbringer, auch wenn sie noch so selbstzufrieden ihr Thun beschönigen, je auf die Idee kommen, dasselbe sich als sittliches Verdienst anzurechnen.

Täuschen wir uns doch darüber nicht, dass jenes Getriebe der Volkswirtschaft, jenes Arbeiten um des Lohnes willen, das Leisten für Gegenleistung, das Kaufen und Tauschen, das Schaffen aus Hunger oder Machtsucht, dass alles das der allgemeinen Entwickelung nicht weniger nützlich ist als edelmütiges Schenken und Entsagen, heldenhafte Aufopferung und Demut und Treue. Wie zahllose Handlungen werden im Staat, in engerem oder weiterem Rechtsverband, fortwährend ausgeführt, lediglich um schädigenden Folgen, Strafe und Schande, zu entgehen; solch gesetzmässiges Leben ist der allgemeinen Entwickelung nützlich und notwendig, und dennoch, wer die von dem Machthaber geforderte Leistung nur deshalb vollbringt, weil ihre Unterlassung schwere Schädigung an Freiheit, Habe, Wohlbefinden für den Thäter im Gefolge hat, der thut doch offenbar nichts anderes als der, welcher ein brennendes Haus verlässt, um nicht selbst in den Flammen umzukommen. Beide führen lediglich das aus, was sie als das zweckmässigste für ihr Wohlbefinden erkennen, und niemandem fällt es ein, dergleichen vom Selbsterhaltungstrieb diktierte Leistungen, auch wo sie die sittlichen Zwecke des Staatslebens, überhaupt die Entwickelung der Gattung fördern, auf ein sittliches Piedestal zu heben. Wer die Armen aus edlem Herzen beschenkt, handelt sittlich, wer seine Steuern bezahlt, weil er sich vor Pfändung fürchtet, der handelt sittlich völlig indifferent, wiewohl sein Beitrag zu den allgemeinen Ausgaben sicher der öffentlichen Wohlfahrt die entsprechenden Dienste leistet.

Volkswirtschaft, Moral, Staat und manches andere sind eben verschiedene Sphären jener überall verwirklichten Arbeitsteilung, die der Gesamtheit notwendig und nützlich ist; wie sehr sie in diesem äusseren Erfolge sich nahestehen, geht einfach daraus schon hervor, dass, wie oft bemerkt, in dem einen Lande moralische Pflicht ist, was im andern durch volkswirtschaftliche Faktoren oder durch Gesetzeszwang geregelt wird; eine Handlung, die man hier nur um Lohn leistet, vollführt man dort aus Gewissensantrieb. Kurz, die Sitte regelt es, ob die der Erhaltung der Gesamtheit dienlichen Arbeitsteilungen durch Gebote der Sittlichkeit oder durch sittlich wertlose Faktoren, wie Kauf und Tausch, Zwang und Gesetz hervorgerufen werden; in dem allen jenen Wegen gemeinsamen Ziel des universalnützlichen Erfolges kann mithin unmöglich das Kriterium liegen, ob eine Handlung sittlich sei oder sittlich indifferent. Wäre übrigens wirklich jede der Gattungsförderung dienende Bewegung als sittlich aufzufassen, so würde die Grenze des sittlichen Lebens nach unten hin doch noch erheblich tiefer zu verschieben sein, als es den biologischen Ethikern gemeinhin scheint. Jedes einzige geschlechtlich sich fortpflanzende Tier handelt dann sittlich, sobald es Bewegungen ausführt, die der Begattung dienen, ja selbst im Pflanzenreich kennen wir zahlreiche Bewegungen, welche der Fortpflanzung dienlich sind, welche die Fortpflanzung oft erst ermöglichen, so dass die, meist bisher gering geschätzte Sittlichkeit unter den Pflanzen, die Ueberschrift zu einem neuen ethischen Kapitel bilden müsste.

Wenn das Kriterium des Sittlichen im äusseren Erfolge liegen soll und der allgemeine Nutzen der Wirkung sich nicht als solches herausstellte, weil es sehr vielen, sittlich wertlosen Handlungen ebenfalls zukommt, so liegt es nahe, den Effekt näher zu begrenzen, und zwar in dem Sinne, dass der Erfolg des Sittlichen ausschliesslich der allgemeinen Wohlfahrt und gar nicht dem Handelnden selbst nützlich sei; es wären dadurch von vornherein sämtliche volkswirtschaftliche Leistungen ausgeschlossen, da bei ihnen neben dem allgemeinen Nutzen, der nirgends fehlt, weil sonst die Leistung nicht volkswirtschaftlich begehrt würde, offenbar auch der persönliche Nutzen sich einstellt in Form der Gegenleistung, ohne die niemand seine Arbeit und Arbeitsprodukte auf den Markt zu bringen Neigung hätte. Dieses enger begrenzende Merkmal ist in der That häufig bevorzugt worden, und zweifellos hat es den Vorteil, dass es alle nicht sittlich wertvollen Handlungen unbedingt ausscheidet, nur hat es dafür den viel erheblicheren Nachteil, dass diese zum charakteristischen Merkmal erhobene Eigenschaft der sittlichen Handlungen diesen in Wahrheit überhaupt nicht zukommt, sie also auch unmöglich von anderen Bewegungen abzugrenzen vermag. Der Gesichtskreis der Ethik ist ja freilich damit erschöpft, dass die sittliche Handlung zunächst den Mitmenschen dient, sie hat nicht danach zu fragen, ob an diesen beabsichtigten Erfolg sich unbeabsichtigt eine andere Wirkung noch anschliesst; thatsächlich aber findet normalerweise stetig solche weitere Endwirkung statt und zwar im Sinne einer Förderung des Handelnden selber. Sowie im wirtschaftlichen Leben Leistung und Gegenleistung enge verknüpft sind, so ist auch im Kreis der Moralgemeinde dem sittlich Handelnden sein Lohn gewiss. Es gibt ja so zahllose, der eigenen Erhaltung nützliche Leistungen, die der einzelne für sich selbst nicht schaffen kann; alle die Vorteile, die aus der Treue, der Hilfsbereitschaft, dem Opfermut der Mitmenschen erwachsen, die kann der Einzelne sich selbst nicht erzeugen, er kann sie auch selten nur auf wirtschaftlichem Weg erkaufen, er hat nur ein Mittel, sie sicher für sich zu gewinnen: er muss sich einordnen in eine sittliche Gemeinschaft, muss selber opfermutig, hilfsbereit und treu sein.

Eine einfache biologische Betrachtung führt zu demselben Ergebnis. Können wir doch, so sehr wir auch den durchaus psychologischen Charakter der socialen Lebensformen betonen, uns dennoch nicht verhehlen, dass der sittlich Handelnde einen organischen materiellen Körper besitzt, an dessen Erhaltung erst überhaupt die Möglichkeit sittlichen Handelns geknüpft ist. Dieser Körper ist ein Teil der materiellen Welt und somit denselben Gesetzen, denselben Veränderungen unterworfen, wie alle übrigen Lebewesen. Nun lehrt uns die Biologie, dass jedes Geschöpf in der natürlichen Entwicklung nur solche Eigenschaften in sich herausbilden kann, welche seiner Selbsterhaltung oder der Erhaltung seiner direkten Nachkommen dienlich sind. Dieses Prinzip hat sich für die Betrachtung der gesamten organischen Welt so unendlich fruchtbar erwiesen, es hat sich so immer mehr als der einzige Weg herausgestellt, die Eigenschaften der Organismen wirklich zu erklären, dass wir methodologisch richtig verfahren, wenn wir, um die Eigenschaften der Geschöpfe dem genetischen Verständnis näher zu bringen, zunächst voraussetzen, dass jedes Merkmal nach irgend einer Richtung dem Geschöpf und seinen Nachkommen Nutzen bringt und aus diesem Nutzen im Kampf ums Dasein die Entwicklung jenes Merkmals ableiten.

Der Organismus des Menschen kann da keine Ausnahme machen, auch er konnte keine Eigenschaft in sich entwickeln, die seiner Selbsterhaltung schädlich wäre. Wenn wirklich die sittliche Handlung nur dem Mitmenschen nützlich wäre und nicht dem Handelnden selbst, so hiesse das biologisch: der menschliche Körper ist so eingerichtet, dass gewisse äussere Reize auf dem Wege complicierten Gehirnreflexes solche Muskelkontraktionen auslösen, welche dem Körper selbst oder seinen Zeugungsprodukten wertlos sind; nun ist jede Muskelkontraktion ein Energieaufwand, somit ein der Selbsterhaltung schädlicher Kraftverbrauch. Die Eigenschaften des Körpers würden also dahin führen, dass der Körper seine Selbsterhaltung schädigt, nicht nur ohne daraus resultierenden überwiegenden Erhaltungsnutzen, wie er bei allen anderen Willenshandlungen biologisch gegeben ist, sondern auch ohne das geringste Aequivalent. Das Ergebnis jenes Kraftverbrauches wäre vielmehr nur eine Erhaltungsförderung der Nebengeschöpfe, deren somit geförderter Stoffwechsel seinerseits wieder eine Schädigung ihrer Mitbewerber, also auch des Handelnden selbst bedingt und somit sekundär noch diese zweite Erhaltungsverminderung desselben hervorruft. Kurz, der Körper, an

welchem die sittliche Handlung abläuft, wäre im Nachteil
gegenüber denjenigen Körpern, die jene, Moralhandlungen
auslösenden, Körpereigenschaften nicht besitzen; es wäre somit
biologisch undenkbar, dass jene Eigenschaften sich erhalten
und entwickelt haben sollten. Jene Körper mit schädlichen
Gehirnreflexbogen wären längst zu Grunde gegangen, genau
so wie Körper mit sonstigen organischen Fehlern, die ja auch
keine andere Bedeutung haben, als dass sie die Selbsterhaltung
des Organismus schädigen. Das thatsächliche Bestehen, Sichentwickeln und Sichausbreiten der sittlichen Fähigkeit spricht
somit biologisch entschieden dafür, dass die sittliche Handlung
dem Handelnden selbst und seinen Nachkommen zum Nutzen
gereiche.

Das ist eben der nicht zu übersehende, berechtigte Kern
jener unberechtigten Theorien, die alle Sittlichkeit aus dem
Egoismus ableiten wollten und zur Verdeutlichung ihrer historischen Entstehung einen Vertrag voraussetzten, den die einzelnen
eingingen in der Erkenntnis, dass sittliches Leben ihnen selbst
die grössten Vorteile brächte. Das Vorhandensein jenes Vorteils, müssen wir dem entgegenhalten, setzt noch nicht die
Erkenntnis desselben voraus; das sittliche Handeln kann dem
Handelnden nützlich sein, ohne dass er vom Egoismus bei
seiner Thätigkeit geleitet wurde, kurz, an Stelle des wirklich
vorhandenen Nützlichkeitserfolges wurde von jenen Vertragstheoretikern ein jenen Erfolg antizipierendes egoistisches Motiv
angenommen, zwischen dem objektiven Effekt und dem subjektiven Motiv also kein Unterschied gemacht. Genau derselbe Fehler nur in umgekehrter Richtung charakterisiert nun
jene Annahme, dass alle sittlichen Handlungen nur den Mitmenschen, nicht dem Handelnden selbst von Nutzen sind.
Dass diese Behauptung falsch, haben wir eben entwickelt; doch
auch hier steckt ein berechtigter Kern darin, der objektive
Erfolg ist nämlich hier an Stelle des Motives gesetzt. Gemeint
ist nichts anderes, als dass der moralisch Wollende nicht den
eigenen, sondern den fremden Nutzen im Auge hat, also
selbstlos das Gute thut, ohne den thatsächlich eintretenden,
der eigenen Person nutzbringenden Enderfolg überhaupt nur

zu berücksichtigen. Durch dieses subjektive Element liesse sich vielleicht in der That das sittliche Leben abgrenzen gegenüber dem wirtschaftlichen, dem rechtlichen und anderen Sphären der Arbeitsteilung, mit denen es die objektiven Merkmale, Förderung der allgemeinen Entwicklung und Nutzen für das handelnde Individuum selbst, durchweg gemein hat. Das eine also erkennen wir klar: das entscheidende Merkmal der Sittlichkeit kann lediglich in subjektiven Elementen liegen. Nun ist ja freilich häufig zugegeben worden, dass die moralische Beurtheilung an die Motive, nicht an den Erfolg anzuknüpfen habe, dass es für Lob und Tadel nicht darauf ankommt, ob die Handlung zu eigenem Nutzen oder zu dem der Gesamtheit schliesslich ausschlägt, sondern ob der eigene Nutzen oder der allgemeine vom Willen bevorzugt, als Motiv seine Wirksamkeit ausgeübt. Der übliche Gedankengang ist dann der, dass der Wille nur durch Gefühle geleitet wird, der fremde Vorteil also nur dann beabsichtigt werden kann, wenn er Lust erzeugt, die Sittlichkeit also nichts weiter sei als Lust am allgemeinen Nutzen, Lust an fremder Lust. Ich meine, dass hier die wissenschaftliche Ethik sich wiederum weit entfernt von den Entscheidungen des naiven sittlichen Bewusstseins, ich meine aber, dass andererseits die Ethik, selbst wenn sie nicht von den Ueberzeugungen der Menge darin gestützt würde, alles Interesse hätte, diese Lehre zu verdammen, da mit ihr das Sittliche völlig seinen Pflichtcharakter einbüsst, Lob und Tadel, überhaupt jede Verantwortung ihren Sinn verliert. Dass zahlreiche Handlungen fortwährend aus Lust an fremder Lust, aus Unlust an fremder Unlust erfolgen, ist zweifellos, und ebenso zutreffend ist es, dass dieselben in ihrem äusseren Erfolg mit den sittlichen Leistungen übereinstimmen; dass nun aber, nachdem wir jenen äusseren Erfolg als Kriterium des Sittlichen zurückgewiesen, das charakteristische Element in diesem psychologischen Entstehen zu suchen sei, das lässt sich keinesfalls aufrecht erhalten.

Wir haben hier zunächst nicht zu untersuchen, wie solche Lust an fremder Lust, wie überhaupt Neigungsgefühle entstanden sind und entstehen; wir können das aber als Thatsache ansehen, dass solche sympathische Instinkte überall bei Mensch und Tier bestehen, ja dass 'es die Neigungsgefühle sind, die nächst dem Hunger am meisten dazu beitragen, dass sich das Getriebe der Welt erhält. Die Neigungsgefühle sind bald eng begrenzt, bald weit umfassend, umspannen hier nur Eltern und Kinder, dort die ganze Horde, das Volk, selbst Neigungsgefühle, welche die Millionen der ganzen Menschheit umschlingen möchten, sind moderner Kultur eigentümlich, aber sie sind und bleiben alle doch immer nur Instinkte, denen unmittelbar ohne Gewissensregung, ohne Pflichtbewusstsein, ja oft ohne Wahl gefolgt wird, gleich wie den Trieben der Selbsterhaltung. Wir können es ja zunächst dahingestellt sein lassen, wie es kommt, dass eine Mutter derartig seelisch mit ihrem Kinde communiziert, dass vielleicht jeglicher Schmerz, den das Kind erduldet, auch sie selbst mit Schmerz erfüllt, jede Freude des Kindes auch in ihr Gemüt hinüberstrahlt; sobald aber einmal thatsächlich diese sympathische Disposition in der Mutter vorhanden, so liegt doch kein Grund vor, es der Mutter als sittlich wertvolle That anzurechnen, wenn sie dem Kinde Schmerzen fernhält und Freuden verschafft, genau so wenig, als wenn sie sich selber Unlust beseitigt oder Lust hervorruft, richtiger, es ist ihre eigene Unlust, der sie entgeht, ihre eigene Lust, die sie aufsucht, wenn sie für das Kind sorgt. Wenn es mir Schmerz schafft, einen Freund leiden zu sehen, dem ich helfen kann, so wüsste ich nichts, was ich mir selber Angenehmeres, Freudigeres und für mein Behagen Nützlicheres ausführen könnte, als helfend beizuspringen. Wenn es mir Vergnügen macht, Gäste um mich zu sehen, ist meine Gastfreundschaft dann ein besonderes Verdienst? Ich meine, wer seinen Neigungen und Trieben folgt, wer dasjenige verwirklicht, dessen Erfolg ihm Freude macht, der hat dadurch noch kein Anrecht auf sittliches Lob; wer den Hunger seiner geliebten Kinder stillt, handelt ethisch ebenso indifferent, wie der, welcher sich selber satt isst, beide folgen lediglich demjenigen Motiv, das ihnen am meisten Freude verheisst.

Zurückgewiesen sei hier von vornherein ein oft wiedernolter Einwand. Man sagt, es widerstreite nicht ihrem ethischen Wert, dass jene Neigungsgefühle nur Thaten veranlassen, die dem Handelnden Freude verschaffen, denn Handlungen, welche wir nicht aus Lustgefühl vollbringen, gibt es überhaupt nicht; jeder Willensakt muss durch Gefühle geleitet werden, es kann also überhaupt keine sittliche Handlung zustande kommen, wenn dieselbe nicht Lust bereiten soll. Obgleich nun die ganze Frage nach dem Gefühlston der Willensmotive bei eingehender Prüfung der Willenspsychophysik entschieden zu entgegengesetztem Resultat führt und auch gefühlslose Vorstellungen sich sehr wohl in Willenshandlungen entladen können, so wollen wir dennoch hier uns der üblichen Annahme anpassen und zugeben, dass keine Willenshandlung zustande komme, wenn das Motiv nicht von Lustgefühl begleitet ist, ja wenn dieses Lustgefühl den Gefühlston der übrigen zur Wahl vorliegenden Motive nicht an Stärke übertrifft. Auch wenn dieses zugegeben wird, dann sollte man nun doch zwei Dinge trennen, die meist verwechselt werden, nämlich erstens die Lust an irgend einem Motiv, und zweitens die Lust an der Vorstellung zukünftiger Lust.

Der Ausdruck »Lust an einem Motiv«, »Lust an einer Vorstellung,« dürfte freilich, wie gesagt, falsch sein, denn in jener Lust liegt nicht der geringste Keim eines freudigen Affektes; jene Lust bedeutet für das Bewusstsein nichts anderes, als dass jenes Motiv von der Apperception wegen irgend einer Eigenschaft accentuiert wird, kurz, dass es gewollt wird; erst weil das Motiv gewollt wird, erhält es die Macht, auf die Ausführung entscheidenden Einfluss zu gewinnen. Bleiben wir aber dabei, der herrschenden Theorie zuliebe, eben dieses Gewolltwerden als Lust zu bezeichnen, so ergibt sich doch ein deutlicher Unterschied, je nachdem ob ich Lust habe an irgend einem Willensmotiv, das, sobald es wirklich das Uebergewicht gewinnt und dem Willen die Richtung gibt, zu einer Handlung führt, deren Erfolg mir vielleicht Unlustaffekte auslöst, so dass die Lust eben mit der Bevorzugung jenes Motivs erschöpft ist; oder ob ich dagegen Lust habe gerade an demjenigen Willensmotiv, welches mir zukünftige Lust durch den Erfolg der Willenshandlung verspricht, so dass sich die Lust nicht auf die Bevorzugung eines Willensmotives bezieht, sondern auf die angenehme Wirkung des Willenserfolges. Nur im letzteren Fall will ich wirklich meine Lust, wie es bei demjenigen zutrifft, der aus egoistischer Nützlichkeitserwägung oder aus sympathischen Instinkten handelt, im ersteren Fall will ich lediglich ein bestimmtes Motiv siegen lassen, eine bestimmte Handlung ausführen, deren Effekt mit meinem Behagen nichts zu thun hat; nur wenn ich dieses mein Wollen mit dem farblosen Ausdruck Lust belege, so kann jene Verwirrung entstehen, aus der mit scheinbarem Recht jener Einwand hervortauchte, dass jegliche Handlung, also auch die sittliche, der eigenen Freude dient, mithin auch die Neigungsgefühle, die sympathischen Instinkte sittliche Leistungen zu erzeugen imstande wären.

Wir verdeutlichen uns den Gedankengang und kommen zugleich dem Ziele näher, wenn wir ein Beispiel wählen und dabei der Handlung aus Neigungsgefühl eine wirklich moralische Handlung gegenüberstellen. Wer seinen Herzensfreund darben sieht und bei dem Anblick Schmerz empfindet, der folgt lediglich einem sittlich indifferenten Trieb, wenn er aus eigenem Ueberfluss helfend beisteht; indem er das fremde Leid lindert, beseitigt er die eigene Unlust, die Wohlthat, die er ausführt, schafft ihm selber Lust. Der Egoist selbst könnte mithin, sobald ihn einmal solch sympathischer Instinkt erfasst hat, nicht besser auf sein eigenes Behagen bedacht sein; da gibt es nichts zu loben, es fehlt jegliche sittliche Leistung. Wer dagegen den Fremden unverschuldet leiden sieht und ihm hilft durch Verringerung des eigenen Behagens, wer, selbst hungernd, sein Brot mit dem Armen teilt, wer den Freund rettet mit Aufopferung seiner Gesundheit, wer dankbar Treue hält, wo ihn keine Neigung mehr bindet, der handelt nach dem klaren Urteil des naiven sittlichen Bewusstseins wirklich ethisch wertvoll, er verdient Lob, er gilt als sittliches Vorbild.

Der Unterschied dieser Fälle von den ersteren ergibt sich

aber sofort, wenn wir uns nur durch den falschen Lustbegriff
nicht täuschen lassen. Wer ein Rettungswerk ausübt mit Aufopferung seiner Gesundheit, für den ist die Vorstellung dieser
rettenden Handlung das mit Lust erfasste Motiv der Thätigkeit,
obgleich die Vorstellung von den aus jener Thätigkeit sich ergebenden Folgen, die Erhaltung des Gefährdeten und die Zer-
rüttung der eigenen Gesundheit, zweifellos mehr Unlust als Lust
enthält. Würden hier als Motive nur die vorauszusehenden Erfolge der Handlung der Wahl unterliegen, so würde die Lust
an der Erhaltung des Bedrohten, vielleicht ganz fremden
Menschen, sicherlich geringer sein als die Lust an der eigenen
Gesundheit, die durch die Rettung gefährdet wird; die Vorstellung der eigenen, aus der Handlung resultierenden Lust
ist es also nicht, welche die stärkste Betonung erhält, welche
gewollt wird, welche mit intensivster Lust erfasst ist, es muss
also ein anderes noch hinzukommen, welches dasjenige Motiv
zum Sieg bringt, das bei der Ausführung mehr Unlust als
Lust verspricht; eine ganz neue Wertschätzung, die vom Erfolg unabhängig, eine Lust, die sich nicht an die zu erwar-
tende Lust oder Unlust kehrt, muss hinzutreten: es ist die
Lust an der Handlung selbst, die Wertschätzung
der Handlung, unabhängig von ihrem Erfolg, mit
blosser Rücksicht auf die in der Handlung zum
Ausdruck gelangende Maxime, mit blosser Rücksicht darauf, ob sie einem Gebot entspricht oder
nicht. In jenen Fällen sympathischen Instinktes ist davon
nicht die Rede. Wer Gäste ladet, weil es ihm Vergnügen
macht, Freunde um sich zu sehen, dessen Gastfreundschaft ist
sittlich indifferent, denn das mit Lust erfasste Motiv seiner
Handlung ist die Vorstellung seiner eigenen, durch die beabsichtigte Handlung herbeizuführenden Freude und Lust; wer
aber, um mit dem Darbenden sein Brot zu teilen, sich selbst
nicht satt isst, dessen Gastfreundschaft ist sittlich lobenswert,
denn das Motiv, das er mit Lust ergreift und bevorzugt, ist
nicht die Vorstellung eigener Lust, im Gegenteil, selbst wenn
ein sympathischer Instinkt ihn die Sättigung des Darbenden
mit Freude wahrnehmen lässt, so ist zweifellos die Unlust

des eigenen Hungers stärker als die Lust der fremden Befriedigung; wenn er also dennoch diese, ihm mehr Unlust als Lust verheissende Handlung wählt, so war es offenbar nicht Lust an der Handlung in Hinsicht auf ihren Erfolg, sondern Lust an der Handlung selbst in Hinsicht auf ihre Uebereinstimmung mit einem Gebot.

Jetzt haben wir endlich das entscheidende Merkmal der Sittlichkeit gefunden, nach welchem die thatsächliche Wertschätzung des naiven Bewusstseins vor sich geht. Wir fragen dabei nun vorläufig nicht, wie solche Gebote entstanden sind und welchen Inhalt sie haben, wir halten uns einfach an die Thatsache, dass wir alle in ein Gefüge von Geboten hineingewachsen sind, die mit allen Erziehungsmitteln uns von der Gesellschaft eingeprägt sind. Jeder geistig normale Mensch wird bei uns in Verhältnisse hineingeboren, in denen er aufwachsend durch Familie, Schule, Kirche, Bildung, Weltgetriebe zahlreiche Befehle allgemeiner Art, Imperative der Pflicht kennen lernt und in sich verarbeitet, Gebote, die für verschiedene Stände und Berufe, vor allem für verschiedene Zeiten verschieden nuanciert sind, aber in den Hauptpunkten übereinstimmen. Wer solche Gebote überhaupt nicht kennen gelernt hat wie der Wildaufwachsende oder nicht begriffen hat wie der Geisteskranke, für den kann eine Sittlichkeit nicht existieren; er kann durch Zufall, Zwang, sympathische Instinkte vielleicht Handlungen ausführen, die den Geboten entsprechen, sittlichen Wert können diese Handlungen aber nicht beanspruchen. Nur da, wo solche Gebote thatsächlich im Bewusstsein leben, kann sich Sittlichkeit wirklich entwickeln, denn das entscheidende Merkmal liegt eben in dem Verhältnis jener beiden Motive, einerseits die Vorstellung von der Uebereinstimmung der Handlungsmaxime mit dem Pflichtgebot, andererseits die Vorstellung von den aus der Handlung zu erwartenden Folgen. Da, wo diese aus der Handlung sich ergebende Wirkung mehr Unlust als Lust für den Handelnden erwarten lässt, die Vorstellung des Erfolges also als Motiv mit Unlust erfasst wird, die Handlung mithin nicht zustande käme, wenn nur die Vorstellung ihres Erfolges als

Motiv wirkte, da allein wird eine sittliche That vollbracht, wenn die Handlung dennoch geschieht aus jenem anderen Motiv, wegen ihrer Uebereinstimmung mit dem erlernten Gebote. Die That ist sittlich um so wertvoller, je mehr bei der Vorstellung des Erfolges Unlust die Lust überwiegt; sie nimmt ab an sittlicher Bedeutung, je mehr in der zu erwartenden Wirkung das Lusterregende den unlusterregenden Momenten das Gleichgewicht hält und erreicht den sittlichen Indifferenzpunkt, sobald in dem Erfolge die Lustwirkung überwiegt, die Vorstellung des Erfolges also zu der Wahl der Thätigkeit ausreicht, die Lust an ihrer Pflichtmässigkeit als Motiv mithin überflüssig geworden ist. Letzteres trifft für jenen häufigen Fall zu, wo die Neigungsgefühle sich in der Richtung der Pflichtgebote bewegen. Unsittlich ist eine Handlung, sobald ihre Maxime einem Gebote widerspricht, die Lust an der Vorstellung des lustverheissenden Erfolges aber intensiver war als die Unlust an der Vorstellung von der Nichtübereinstimmung zwischen Handlung und Gebot. Kurz zusammengefasst: wo eine Handlung ausgeführt wird in Rücksicht auf den Erfolg, ohne Rücksicht auf ein Gebot, da ist sie sittlich gleichgültig, so lange sie keinem Gebot widerspricht; sobald sie einem Gebot widerspricht, ist sie unsittlich; wird sie aber entgegen der vom Erfolg erheischten Rücksicht lediglich in Rücksicht auf ein Gebot gewollt, so hat sie sittlichen Wert. Jene hier zunächst nicht näher zu entwickelnde Eigentümlichkeit, Lust zu haben an der Uebereinstimmung einer Handlung mit den erfassten Geboten, Unlust zu spüren an ihrer Nichtübereinstimmung, diese Eigentümlichkeit nennt man Gewissen; das Sittliche wäre demnach auch der Sieg der Gewissensstimme über die Vorstellung lustverheissenden Erfolges. Immer aber bleibt doch das Charakteristische des Sittlichen jenes Verhältnis der Motive, und wenn wir, scheinbar dem widersprechend, gewisse Handlungen kennen, deren Ausführung uns allen schlechthin als sittlich erscheint, so liegt es daran, dass manche Handlungen in jedem Falle notwendigerweise für den Handelnden lediglich Unlust oder wenigstens weit mehr Unlust als Lust herbeiführen, so dass die Vorstellung des Erfolges also niemals das ausschlaggebende Motiv bei ihnen sein kann, sie vielmehr lediglich durch die Lust an der Vorstellung der Harmonie zwischen Handlung und Gebot veranlasst sein können. Freilich geht unsere praktische Beurteilung hierin oft zu weit, da auch die scheinbar unbedingt sittlichen Handlungsgebiete langsam von den sympathischen Instinkten erobert werden können, die einzelnen Leistungen also wieder zu Trieben und somit sittlich wertlos werden.

Ein prinzipieller Einwand liegt hier nahe. Wir legten Gewicht auf die Unterscheidung von Trieb- und Gewissenshandlung, weil die erstere lediglich eine vom psychologischen Mechanismus ohne jede Anstrengung, ohne Verantwortung und somit ohne Verdienst ausgelöste Aktion ist, wie sie beim niederen Tier schon das ganze Dasein beherrscht. Gilt nun, so kann eingewendet werden, nicht auch dasselbe für die Gewissenshandlung? Der Vorgang mag komplizierter sein, aber den Charakter der inneren Notwendigkeit kann unsere durchaus deterministisch denkende Psychologie doch auch der Gewissenshandlung nicht absprechen. Dass unter genau denselben Vorbedingungen im entscheidenden Moment auch eine andere Handlung hätte gewollt werden können, das ist ja längst als undenkbar nachgewiesen; wo steckt denn also das Verdienst und die Verantwortung? Nun, die Verteidigungsgründe des wissenschaftlichen Determinismus sind selbstverständlich zugleich Widerlegungen dieses Einwandes. Wenn die Gewissenshandlung nicht determiniert wäre, wenn sie psychologisch ursachlos auftreten würde, dann gerade könnte von Verantwortung nicht die Rede sein; ebensowenig könnte dann von Charakter, von Menschenkenntnis und Tugend die Rede sein, denn die Willensentscheidung von heute würde nicht die geringste Garantie bieten, dass die schrankenlose Willkür sich morgen im selben Sinne entscheidet.

Beide Handlungen sind thatsächlich durch die Kette vorausgehender psychologischer Ursachen mit Notwendigkeit hervorgerufen und in beiden Fällen ist auch übereinstimmend das erste Glied dieser Kette die Wahrnehmung derjenigen äusseren Verhältnisse, welche den Handelnden vor die Entscheidung stellen; nur das, was sich zwischen dieses erste und das letzte Glied an psychologischen Vorgängen zwischenschiebt, ist so völlig verschieden und gerade an jene Faktoren knüpft mit Recht die allgemeine sittliche Wertschätzung an. Bei den sittlich indifferenten Handlungen wie bei den Trieben, mögen es Nahrungs- oder Begattungs- oder Neigungstriebe sein, da werden, falls überhaupt von einer Wahl die Rede ist, die Handlung also nicht rein reflektorisch abläuft, mittelst der Association bei der Wahrnehmung der äusseren Lage, die Vorstellungen von den verschiedenen, unter den äusseren Bedingungen möglichen Handlungen und ihren Erfolgen hervorgerufen und die mit diesen Erfolgsvorstellungen associierten Gefühle werden zur ausschlaggebenden inneren Bedingung der Entscheidung; diejenige Handlung wird ausgeführt, deren Erfolg mit der grössten Lust vorgestellt wird.

Ganz anders bei der sittlichen Leistung. Die Wahrnehmung der äusseren Bedingungen associert auch hier die Vorstellungen der möglichen Handlungserfolge, aber nicht derjenige, welcher mit Lust vorgestellt wird, sondern der zunächst mit Unlust gedachte kommt schliesslich zur Ausführung; was bringt diese Entscheidung hervor? Was findet statt, damit schliesslich die Vorstellung derjenigen Handlung die grösste Lust erregt, deren Erfolg mit grösster Unlust vorgestellt wurde? Ohne in eine psychologische Analyse einzutreten, können wir doch schon hier sehen, dass dazu ein komplizierter Vorgang nötig ist, wiewohl er durch Ausschaltung von Zwischengliedern allmählich verkürzt wird. Zunächst muss diejenige Handlung, deren Erfolg Unlust verspricht, so dass die entgegengesetzte Handlungsinnervation günstigere Bedingungen findet, sich associieren mit der Erinnerung an das zu den verschiedenen möglichen Handlungen stellungnehmende Gebot. Dieses Gebot ruft die zentrale Vorstellungsmasse unseres Ich ins Bewusstsein, in welcher alle die eingeprägten Maximen liegen und die Lust an der Uebereinstimmung der unlustversprechenden Handlung mit dem Gebot wird durch jene associierte Ichvorstellung so lebhaft accentuiert, dass sie den Sieg gewinnt über die Lust an der lustversprechenden Handlung. Die sittliche Handlung kommt also nur dann zustande, wenn die Vorstellung des Ich associiert wird und diese so beschaffen ist, dass sie auch einer wunschgemässen Handlung gegenüber unbedingt auf dasjenige Gefühl verstärkend einwirkt, das auf die Stellung der Handlung zu den erlernten Geboten sich stützt und somit trotz gegenwirkender Affekte die gebotmässe Handlung bevorzugt. Diese Ichvorstellung kann, von seltenen, den ganzen Menschen umwandelnden Krisen abgesehen, sich nicht wesentlich ändern, da sie das langsam herangebildete Entwicklungsprodukt der gesamten Persönlichkeit ist, in dem die Eindrücke der ganzen Lebenszeit sich summiert haben; ist diese zentrale Ichvorstellung also heute so beschaffen, dass sie der gebotgemässen That zum Sieg verhilft, so wird sie morgen sich nicht in der entgegengesetzten Richtung geltend machen; sie wird das beharrende Element im individuellen Leben bilden, sie wird somit die Garantie gewähren, dass sie nicht einmal so, ein andermal anders sich entscheidet, sondern stetig für die Befolgung der Gebote sorgen wird.

Eben deshalb ist solche, von festen Maximen zusammengehaltene Ichvorstellung für die Verwirklichung der Gebote so wertvoll und an sie knüpft somit nicht ohne Grund die allgemeine Wertschätzung an. Die einzelne That entspricht ja dem Gebot ebenso, wenn sie aus Neigung wie wenn sie aus Pflicht vollbracht ist; die Neigungsthat ist aber sittlich indifferent, denn sie enthält keinen Faktor, der irgendwie solche gebotentsprechende Handlung auch für diejenigen Fälle gewährleistet, in denen der Erfolg zufällig ein für die eigene Person unerwünschter ist. In jeder sittlichen Leistung spricht sich dagegen eine Persönlichkeit aus, die der öffentlichen Gesellschaft Gewähr gibt, dass sie, gleichviel ob sie selber Nutzen davon hat oder Schaden, stets den Geboten gehorchen wird. Die Garantie ist desto grösser, je bedeutender in dem einzelnen Fall die Unlust war, welche von dem Selbstbewusstsein überwunden werden musste; mit ihr darf daher in der That die sittliche Wertschätzung wachsen. Ob nicht unter einem anderen Gesichtspunkt jener Neigungstrieb ebenfalls erheblichen Wert besitzt, haben wir vorläufig noch nicht zu untersuchen. Vom Gesichtspunkt der Sittlichkeit ist er jedenfalls indifferent, da er auch nicht die geringste Gewähr dafür bietet, dass eine gebotene Handlung auch dann erfolgen wird, wenn ihr Erfolg Unlustaffektion in Aussicht stellt, und eine verbotene Handlung auch dann unterdrückt werden wird, wenn ihr Ausgang Freude verspricht. Was unserer entschiedenen Trennung der Gewissenshandlung von der Neigungshandlung von seiten des psychologischen Determinismus entgegengehalten werden konnte, das hat sich somit als Missverständnis erwiesen. Aber der physiologische Determinismus, der so oft dem psychologischen feindlich entgegentritt, geht hier mit ihm Hand in Hand; auch er will diese Trennung nicht gelten lassen. Ist nicht jeder psychologische Vorgang nur die innere Anschauung eines nach mechanischen Gesetzen ablaufenden Gehirnprozesses und somit Trieb- wie Gewissenshandlung psychologisch nur zwei verschiedene Reihen von inneren Begleiterscheinungen, deren einzelne Glieder psychologisch in keinem Kausalzusammenhang stehen, da ihre Reihenfolge bedingt ist durch die Folge der physischen Prozesse? Eine psychologische Kausalität, wird eingewandt, gibt es mithin überhaupt nicht sondern nur eine physische; jene disponible sittliche Ichvorstellung wäre somit nur die innere Anschauung desjenigen, durch Uebung erlangten Molekularzustandes in den Gehirnbahnen- und Gehirnzellen, bei welchem gewisse äussere Reize ihre Erregung gerade in diejenigen Bahnen und zu denjenigen Zentralapparaten leiten, deren motorische Entladung den Geboten entspricht. Auch dann wird man ja immerhin eine Wertabstufung festhalten können, denn das solche Handlungen gewährleistende Gehirn ist für die Befriedigung der menschlichen Bedürfnisse wertvoller als ein anderes, ebenso wie ein Metall zu diesem Zweck wertvoller ist als ein anderes.

Dennoch würden wir uns dagegen sträuben, ein Gehirn sittlicher zu nennen als das andere, oder die Erregung des einen Gehirnteiles für sittlicher zu halten als die eines anderen. Ein sittliches Verdienst muss gerade nach unseren vorausgehenden Betrachtungen nicht in dem äusseren Vorgang, sondern in den seelischen Motiven und ihrem Verhältnis zum Willen gesucht werden, ist also undenkbar, wenn es eine psychische Kausalität wirklich nicht gibt. Dieser in der That nicht leicht zu beseitigende Einwand kann nur dann gehoben werden, wenn man auf das Wesen und die Bedeutung des Kausalitätsgesetzes eingeht. Nicht hier ist der Ort zu so schwieriger erkenntnistheoretischer Untersuchung; aber mit flüchtigen Strichen die Richtung zu zeichnen, in welcher sich solche, alle Schwierigkeiten beseitigende Betrachtung zu bewegen hätte, dem können wir uns hier nicht entziehen, denn in der That ist unser ganzes Bestreben, die Merkmale der Sittlichkeit nicht, wie es meist geschieht, im äusseren Handlungserfolg, sondern lediglich in den Motiven zu suchen, ganz hinfällig, wenn es eine psychologische Kausalität überhaupt nicht gibt und unser Handeln lediglich der physischen Kausalität unterliegt.

Was bedeutet denn im Grunde jenes physische Kausalgesetz, das die Erscheinungen der materiellen Welt beherrscht? Soll dieses Beherrschen etwa heissen, dass es in der Welt objektiv vorhanden ist und sich zeigt, wo wir die Welt betrachten? Nein, davon kann keine Rede sein, denn die weitaus meisten Menschen stellen sich die materielle Welt fortwährend unabhängig von jedem Kausalgesetz vor. Der Uebergang von einer Erscheinung zu einer andern ist ihnen unerklärlich, es werden fortwährend Wirkungen wahrgenommen, ohne dass man an die Ursachen denkt oder die Wirkung wird statt auf die richtige Ursache auf eine zufällig auslösende Gelegenheitsursache bezogen, kurz von einem notwendigen Auseinanderfolgen in der Welt der Dinge sieht das naive Bewusstsein für gewöhnlich nichts. Sobald der Mensch dagegen anfängt, sich etwas in der Natur erklären zu wollen, so verwandelt sich für ihn sofort die wechselnde Erscheinungsreihenfolge in eine gesetzmässige Kausalkette, in der keine Wirkung ohne Ursache denkbar. Der Grund liegt einfach darin, dass alles Erklären nur darin besteht, eine komplizierte

Erscheinung auf eine einfachere zurückzuführen. Wollen wir einen Naturvorgang uns verständlich machen, so bleibt uns nichts übrig, als ihn in einfachere zu zerlegen und diese einfachen Vorgänge in noch einfachere, bis schliesslich die gegebene Erscheinung so lange umgeformt ist, dass die sie zusammensetzenden Vorgänge durchgängig den höchsten denkbaren Grad der Einfachheit erreicht haben, nämlich a n s c h a u l i c h geworden sind. Die einfachsten anschaulichen Vorgänge können nicht auf noch einfachere zurückgeführt werden, sie können also nicht mehr erklärt werden, sondern sind eben deshalb Axiome, die Axiome der Mechanik.

Die materielle Welt erklären heisst somit, ihre Prozesse auf die Axiome der Mechanik zurückführen, was bekanntlich nicht ohne die Atomtheorie denkbar ist. Das gegebene Wirkliche in der Natur sind also nicht die Atome, die nach ehernem Kausalgesetz sich in einer den physikalischen Axiomen entsprechenden Weise bewegen und vom Naturforscher nur aufgefunden werden, sondern das Wirkliche sind die komplizierten Erscheinungen und nur weil ihre Erklärung, d. h. ihre Zurückführung auf unmittelbar anschauliche Vorgänge lediglich dann möglich ist, wenn wir die Natur als aus Atomen bestehend vom Kausalgesetz beherrscht denken, nur deshalb muss die Naturforschung jene einfache Konstitution und jene anschaulichen Vorgänge als wirklich voraussetzen. Nur das ist kausal in der Natur verständlich, dessen gesamte Erscheinung sich als vollständig anschauliches Ergebnis aus der Gesamtheit der Bedingungen ableiten lässt. Eben dann ist es auch für uns notwendig, denn die Anschauung des axiomatischen Vorganges kann von uns nicht willkürlich beseitigt oder verändert werden.

Würde die Anschauung mich heute zu diesen, morgen zu jenen einfachsten Axiomen führen, oder würde meine Anschauung eine andere sein, als die der anderen Menschen, so würde es eine übereinstimmende Zurückführung auf einen Kausalzusammenhang nicht geben. Davon kann aber keine Rede sein, denn jene einfachsten, nicht weiter zerlegbaren Erscheinungsreihenfolgen, wie sie in den Axiomen ausgedrückt sind, dürfen wir unbedingt als Funktion unserer Sinnesorgane auffassen. Sie entstehen aus der Uebertragung unserer Raumanschauung auf eine den Dingen zu Grunde liegende, nur in den Lageverhältnissen wechselnd gedachte Substanz, und diese Raumanschauung ist ihrerseits bedingt durch unsere Organisation, insofern sich der zunächst zweidimensionable Gesichtsraum aus der Verschmelzung der Gesichtsempfindungen mit den zweifach mannigfaltigen Bewegungsempfindungen der Augenmuskel und der dreidimensionable Tastraum aus der Verschmelzung der Tastempfindungen mit den dreifach mannigfaltigen Bewegungsempfindungen der Körpermuskel entwickelt. Da wir annehmen müssen, dass die Muskelempfindungen für alle gleich sind, so müssen wir auch folgern, dass alle dieselbe Raumanschauung haben, mithin die Uebertragung der Raumanschauung auf die körperliche Substanz überall zu denselben Axiomen führen muss.

Die Voraussetzung, dass die Vorgänge der materiellen Welt nur den physikalischen Axiomen entsprechende Bewegungen kleinster Substanzteilchen sind, muss sich also überall und für jeden, der die komplizierten gegebenen Erscheinungen erklären will, ausnahmslos bestätigen. Ja, sollten sich zum Beispiel die vom Spiritismus behaupteten Erscheinungen als wahr herausstellen, so wäre auch damit nicht die mechanische Kausalität aufgehoben, sondern wir wären psychologisch gezwungen, die Erscheinungen und die Substanztheorien so lange umzumodeln, bis auch sie sich aus anschaulichen Vorgängen zusammensetzen. Dass eine solche Kausalerklärung kein wirkliches Eindringen in das Wesen des kausalen Vorganges ist, ergibt sich als selbstverständlich, denn, weil wir eine Erscheinungsreihenfolge anschaulich wahrnehmen und alle Uebergangszustände kontinuierlich verfolgen können, deshalb wissen wir doch noch nicht das geringste, weshalb auf den einen Zustand der andere folgte. Eben deshalb bleibt ja der triviale Kausalitätstrieb des gewöhnlichen Lebens meist dabei stehen, die Wirkungen aus Ursachen zu erklären, die, weit entfernt, die wirklichen Ursachen im Sinne der Mechanik zu sein, höchstens auslösende Gelegenheitsursachen sind; da der Kausalitätstrieb lediglich Zurückführung auf anschauliche Vorgänge verlangt, so begnügt er sich eben häufig, auf solche Vorgänge zurückzuführen, die ihm aus der Anschauung gewohnt sind, d. h. deren erste Bedingung und letzte Folge er oft in der Anschauung aufeinander folgen sah, auch wenn die vermittelnden Zwischenglieder für ihn keine Anschaulichkeit besassen. Somit bedeutet die Thatsache, dass alles in der materiellen Welt vom Kausalitätsgesetz beherrscht sei, nichts anderes, als dass wir, wenn wir uns die physische Welt erklären wollen, immer voraussetzen müssen, dass **jeder Vorgang aus Vorgängen zusammengesetzt ist, die für uns anschaulich sind, d. h. die wir uns vorstellen können.**

Nicht mehr und nicht weniger dürfen wir nun vom psychischen Kausalgesetz verlangen. Stellt man sich darunter vor, dass man den inneren Zusammenhang der psychischen Erscheinungen durchschauen könne, so gibt es allerdings keine psychische Kausalität, aber dann gibt es auch keine physische, denn auch das physische Kausalgesetz enthüllte uns nicht das innere Wesen der anschaulich zusammenhängenden Zustände. Dagegen gilt in der psychischen Erscheinungswelt genau wie in der physischen, dass wir die Vorgänge begreifen, indem wir sie so lange auf einfachere zurückführen, bis sich als Elemente solche Vorgänge ergeben, die wir uns vorstellen, d. h. in unserem eigenen Bewusstsein nacherzeugen können. Die psychischen Thatsachen, wie sie uns im Leben des Gesamtbewusstseins, in Sprache und Geschichte, in Sitte und Religion, in Staatsleben und Wirtschaft, in Kunst und Wissenschaft entgegentreten, sie sind für uns unbegreiflich, solange wir ihr Entstehen in ihren einzelnen zusammensetzenden Faktoren nicht in unserem Geiste vorstellen können; sobald wir aber etwa ein historisches Ereignis auf Vorgänge zurückgeführt haben, die wir in unserem Bewusstsein nacherzeugen können, so ist es uns vollständig begreiflich, es ist uns, wie wir sagen, in seinem psychologischen Kausalzusammenhang verständlich.

Das, was in unserem eigenen Bewusstsein vor sich geht, bedarf für uns nicht erst der Reduzierung auf einfachere Vorgänge, um vorgestellt werden zu können, da es von vornherein ja uns als unser Vorstellungsinhalt gegeben ist. Es hat daher keinen Sinn, nach den psychologischen Ursachen unseres eigenen psychologischen Geschehens zu fragen, denn alle Zurückführung auf Kausalität besteht ja in der Zurückführung auf Vorstellungsverknüpfungen, wie sie in unserem eigenen Bewusstsein vorkommen, darüber hinaus kann es keine Erklärung mehr geben, die den Charakter der Wissenschaft besitzt. Was Gemüt und Phantasie zur Abrundung unserer Weltanschauung in diesen Dingen ¡mitreden, kann uns ja in der begrenzten Sphäre der Wissenschaft nicht kümmern. Wissenschaftlich sind uns die für das eigene Bewusstsein gegebenen einfachsten Zustandsverbindungen, mögen sie Anschauung der Aussenwelt oder Erlebnis innerer Vorgänge enthalten, die letzten unreduzierbaren und deshalb unerklärbaren Thatsachen; und alles Erklären in der psychischen wie in der physischen Welt besteht darin, die verwickelteren Erscheinungen auf diese vorstellbaren zurückzuführen, die körperlichen also auf anschaubare, die seelischen auf seelisch nacherzeugbare Prozesse.

Alles Erklären muss somit auch in der psychischen Welt von der stillschweigenden Voraussetzung ausgehen, dass eine solche Zurückführbarkeit möglich ist. Sowie das Prinzip der Naturforschung darin besteht, dass sie annimmt, alle Vorgänge seien in ihren Elementen vorstellbare, also einfachste anschauliche Prozesse, so liegt das Prinzip der Geistesforschung in der Annahme, alle Erscheinungen in der psychischen Welt seien ebenfalls auf einfachste, uns im eigenen Bewusstsein vorstellbare Verbindungen zurückzuführen; das allein, nicht mehr, besagt das Gesetz der psychischen Kausalität. Weshalb beispielsweise auf eine von überwiegender Unlust begleitete Wahrnehmung der Wille zur Abwehr des Reizes folgt, das kann keiner psychologisch begründen, denn es lässt sich nicht weiter auf einfachere Erlebnisse unseres Bewusstseins zurückführen; das ist mithin genau so ein psychologisches Axiom, wie wir die einfachsten anschaulichen Vorgänge physikalische Axiome nennen, und in derselben Weise hat es Wert wie die physikalischen Axiome für die Naturerklärung. Würden wir irgendwo die Thatsache erfahren, dass in einem bestimmten Fall eine mit Unlust erfasste Reizwahrnehmung keinen Abwehrwillen, sondern den Willen zur Näherung ausgelöst hat, so wäre uns das kausal unverständlich, denn wir könnten es nicht nacherzeugen, es widerspräche dem psychologischen Axiom; wir müssten mithin die Thatsachen so ergänzen, dass jene vorhandene Unlust doch nicht das einzige Motiv war, sondern aus irgend welchen, sei es nachträglich entdeckten, sei es auch nur hypothetisch konstruierten Momenten eine noch stärkere Lust an jener Wahrnehmung die Unlust überwog. Geistige Vorgänge anders zu denken als zusammengesetzt aus uns vorstellbaren, von uns sprunglos nacherlebbaren psychischen Elementarvorgängen, das ist uns ebenso unmöglich, wie es uns unmöglich ist, die physische Welt unanschaulich zu denken. Beide Annahmen sind für uns notwendig und gelten in der Sphäre der betreffenden Wissenschaften somit unbedingt, Ausnahmen kann es also nicht geben.

In diesem Sinne die strenge Kausalität alles geistigen Lebens leugnen zu wollen zu gunsten einer physischen Kausalität, hat somit vom erkenntnistheoretischen Standpunkt absolut keinen Sinn; wer die eine bestreitet, muss auch die andere aufgeben. Vor allem können sich beide durchaus nicht widersprechen, denn da sie nicht Thatsachen wiedergeben, sondern nur Maximen der Forschung, so kann das Bestehen der einen niemals das der anderen aufheben. Wie sich das Verhältnis beider in der Psychophysik stellt, kümmert uns hier nicht; das aber ist klar: sowie wir in der Naturwissenschaft aus Achtung vor dem Kausalitätsgesetz verpflichtet und deshalb berechtigt sind, alle physischen Vorgänge, auch die cerebralen, nur dadurch zu erklären, dass wir sie in anschauliche physische Vorgänge zerlegen, die Psyche mithin ausser Spiel lassen, so sind wir in den Geisteswissenschaften nicht nur berechtigt, sondern geradezu verpflichtet, die Geistesvorgänge lediglich dadurch zu erklären, dass wir sie auf nacherzeugbare einfachste Vorgänge unseres Bewusstseins zurückführen, völlig unbekümmert um die nebenherlaufenden physischen Erscheinungen. Wer da glaubt, durch die Anerkennung dieser rein psychischen Kausalität sich gegen die zu hohen Errungenschaften ausgenutzte Anerkennung des physischen Kausalgesetzes zu versündigen, der hat eben noch nicht eingesehen, dass die physische und psychische Kausalität genau dieselbe Aufgabe und denselben Ursprung haben, dass beide kein über allem Sein schwebendes Gesetz und keine allem Auffassen vorangehende Verstandesform sind; sie drücken lediglich die zum Begreiflichmachen der komplizierten Vorgänge für die Wissenschaft unentbehrliche Annahme aus, dass jeder Vorgang der Welt sich, wenn er uns nicht unmittelbar vorstellbar ist, sich aus solchen vorstellbaren Vorgängen zusammensetzt. Was wir uns vorstellen können, haben wir eben dadurch begriffen; ein weiteres Begreifen und Erklären gibt es nicht; die einfachsten vorstellbaren Vorgänge sind daher die physikalischen und psychologischen Axiome.

Hält die Wissenschaft an der Maxime fest, alle Vorgänge der Welt müssen sich auf solche Axiome zurückführen lassen, so müssen umgekehrt bei Kenntnis der Bedingungen und der Axiome die daraus für die Vorstellung sich ergebenden Folgen auch die wirklichen werden, die Thatsachen, auch die psychologischen, lassen sich somit, wo die Bedingungen vollkommen bekannt sind, im voraus ableiten. Eben darin liegt die strenge Herrschaft des Kausalgesetzes, eben deshalb macht das Kausalgesetz uns den Weltlauf physisch und psychisch zu einem notwendigen, eben deshalb dürfen wir, von keinem physiologischen Einwand zurückgedrängt, die Kausalität auch für die Erscheinungen des sittlichen Lebens festhalten, können die Ursache des sittlichen Willens wirklich im Ich, nicht in Zellengruppen suchen — nur dürfen wir nie vergessen, dass uns vom wirklichen Vorgang doch schliesslich auch das Kausalitätsgesetz nichts enthüllt, dass uns die Axiome doch nur gegebene Thatsachen sind, dass mir ein Vorgang wohl begriffen und notwendig erscheint, wenn ich ihn in mir vollständig nacherzeugen kann, dass aber kein menschliches Wissen mir sagen kann, weshalb bei jener psychologischen Nacherzeugung auf jenen Affekt gerade dieser, nicht jener Willensakt folgt, ebensowenig wie wir wissen, weshalb eine Bewegung beharrt. Wir wissen nur, dass wir beides nicht anders vorstellen können. Wenn somit wirklich das Spezifische der Sittlichkeit in einem rein psychologischen Kausalzusammenhang und zwar darin besteht, dass eine Handlung gewollt wird, weil sie einem Gebot entspricht, obgleich ihr Erfolg Unlust in Aussicht stellt, so lässt sich nicht leugnen, dass dieses Charakteristikum ein formales ist; die materiale Ergänzung liegt in dem Inhalt der Gebote. Aber während diese Gebote wechseln, heute andere sind als im Mittelalter, damals andere als im klassischen Altertum, war damals wie heute in jener formalen Eigentümlichkeit, in jener charakteristischen Form der Willensleistung thatsächlich die Sittlichkeit gesucht. Jene Form aber ist geradezu unvergleichbar mit anderen Leistungen, da das begünstigte Motiv des Willens immer und überall sonst die Vorstellung des Erfolges ist, die zur Ausführung drängt, wenn der Erfolg Lust verspricht, von der Ausführung abhält, wenn die Wirkung schädigend, während hier und nur hier nicht der Erfolg, sondern ein Urteil über die Handlung als solche das ausschlaggebende Motiv ist. Wie gleichgültig ist neben jenem so tiefgreifenden einzigartigen Merkmal des Sittlichen, durch welches die sittliche That von jedem anderen psychologischen Geschehen unterschieden ist, daneben der Inhalt der Gebote; wie würde die Grenze zwischen Zwangshandlung, überhaupt Nützlichkeitshandlung und sittlicher That völlig verwischt, wenn der Inhalt der Gebote und somit der objektive materiale Inhalt der Handlungen das Merkmal des Sittlichen wäre. Im Gegenteil; wenn jemand in einer Diebesbande aufgezogen in ein Gefüge von Geboten hineingewachsen ist, das den unsrigen Hohn spricht, so würde er jene eigentümliche seelische Leistung, die als sittliche That gepriesen wird, durchaus vollbringen, wenn er trotz Kälte und Hunger und Entbehrung, der Stimme des irregeführten Gewissens folgend, für jene Bande stehlen ginge.

II.
Die Vorstufen der Sittlichkeit.

Unser bisheriges Bemühen, das der allgemeinen sittlichen Wertschätzung thatsächlich zu Grunde liegende Kriterium herauszufinden, sollte von vornherein lediglich Mittel zum Zweck sein. Unsere Aufgabe war ja ursprünglich nicht die, zu untersuchen, was die Sittlichkeit ist, sondern vielmehr zu prüfen, ob wirklich, wie die völkerpsychologische Ethik behauptet, die primitiven Völker, mithin die ganze Menschheit, Sittlichkeit besässe. Wir konnten dabei die Vorfrage, was das entscheidende Merkmal des Sittlichen sei, nicht umgehen; nachdem wir aber versucht haben, unabhängig von jedem ethischen, geschweige metaphysischen System, einfach aus der sittlichen Beurteilung des praktischen Lebens, die Antwort zu gewinnen, kehren wir nunmehr zu unserer Hauptfrage zurück. Dieselbe hat für uns jetzt aber andere Gestalt angenommen. Wir haben nicht mehr allgemein zu fragen, ob ¦die Naturvölker Sittlichkeit besitzen, sondern mit Hervorhebung des für unseren Begriff der Sittlichkeit einzig wichtigen Merkmals müssen wir jetzt fragen, ob bei den Naturvölkern jene Willenshandlungen vorkommen, deren entscheidendes Motiv nicht die Vorstellung des Erfolges, sondern die Vorstellung von der Uebereinstimmung der Handlung mit einem Gebote ist. Ueberall da, so werden wir folgern können, wo alle Handlungen lediglich durch die Vorstellung angenehmen, lustbringenden Erfolges hervorgerufen, durch die Vorstellung unlustschaffenden

Erfolges unterdrückt werden, da ist jene eigentümliche seelische Leistung, die wir sittliche That nennen, völlig unbekannt, wie sehr jene Erfolge auch vielleicht unseren sittlichen Geboten thatsächlich entsprechen und wie sehr auch vielleicht das Lustbringende des Erfolges in der Mitfreude an fremdem Wohlergehen besteht.

Ein Vergleich der ethischen Entwickelung mit der ästhetischen kann die Berechtigung dieser Fragestellung verdeutlichen. Die ästhetische Wertschätzung besteht in dem Lustgefühl an gewissen äusseren Erscheinungen und der daraus folgenden Bevorzugung derselben. Wer die völkerpsychologische Entwickelungsgeschichte des Schönheitsgefühls verfolgen will, hat somit zunächst zu untersuchen, ob die Naturvölker gewisse Dinge überhaupt unabhängig von ihrem Nutzen lediglich der äusseren gefallenden Erscheinung wegen bevorzugen. Wo dieses nicht stattfindet, wo alles nur unter dem Gesichtspunkt des Nutzens betrachtet wird, da ist kein Schönheitsgefühl vorhanden, auch wenn sich herausstellen sollte, dass dieselben Völker Dinge benutzen und schaffen, die uns gefallen, uns schön erscheinen, von jenen aber nachweisbar ohne Rücksicht auf die äussere Erscheinung gestaltet wurden, mithin vor anderen ebenso nützlichen, uns missfallenden Dingen derselben Art nicht vorgezogen wurden. Andrerseits würden wir von einem ästhetischen Sinn entschieden dort sprechen müssen, wo solche vom Nutzen unabhängige Gefühlsmomente sich geltend machen, selbst wenn die Beurteilung eine der unsrigen geradezu entgegengesetzte ist, das also ästhetische Lust erweckt, was uns abstossend hässlich erscheint.

Die Thatsachen beweisen bekanntlich die letztere Möglichkeit als wirklich vorhanden; die Naturvölker kennen eine vom Nutzen unabhängige Schätzung der Dinge mit Rücksicht auf ihre Erscheinung. So sehr auch dieser primitive Schönheitssinn unseren Geschmack oft abstösst, es lässt sich nicht bestreiten, dass überall eine Bevorzugung gewisser Formen, Farben, Gestalten, Gerüche nachweisbar ist, die sich in der Schmückung der Werkzeuge und des Körpers, nicht minder in der Wahl der Weiber ausspricht, so dass wir, obwohl wir von alledem nichts, am wenigsten die bevorzugten Weiber schön finden, dennoch das Vorhandensein ästhetischen Gefühles, jene eigentümliche seelische Leistung des Wohlgefallens, den Wilden entschieden zuschreiben müssen. Der Thatsachenkreis der sogenannten geschlechtlichen Zuchtwahl macht es sogar in hohem Masse wahrscheinlich, dass ziemlich entwickelte Keime solchen Schönheitssinnes auch in der Tierwelt schon vorhanden sind.

Beginnt nun, so wie der ästhetische Sinn, auch der ethische schon bei den Naturvölkern oder gar bei den Tieren? kommt jene charakteristische Form der Beurteilung menschlicher Willenshandlungen wirklich schon bei den kulturlosen Stämmen vor? Mit aller Entschiedenheit müssen wir diese Frage verneinen. Gewiss geschieht bei jenen Völkern vieles, dessen äusseren Erfolg wir, nach dem Massstab unserer Gebote gemessen, billigen müssten, aber jene ganz eigenartige Form der Billigung, welche wir sittlich nennen, jene Beurteilung der Handlung ohne Rücksicht auf den Erfolg, lediglich aus Rücksicht auf ihre Uebereinstimmung mit Geboten, die kommt bei Naturvölkern, geschweige bei Tieren, niemals vor.

Ehe wir diese Behauptung empirisch begründen durch den Nachweis, dass thatsächlich alle Handlungen, welche überhaupt in Frage kommen, die religiösen, die rechtlichen und die sozialen sich bei den niederen Völkern nur aus der Erwägung der Folgen ergeben, niemals aber aus der Erwägung über das Verhältnis der Handlung zu Geboten, können wir die Unwahrscheinlichkeit der letzteren Erwägung, also die Wahrscheinlichkeit sittlichen Defektes schon von vornherein aus den theoretischen Anschauungen des Wilden deduzieren. Eine Handlung, ohne Rücksicht auf den Erfolg, nur in Bezug auf ihre Tendenz, ihre Maxime und deren Verhältnis zu bestehenden Geboten und Verboten zu beurteilen, wie es unser Gewissen thut, das setzt doch offenbar voraus, dass der Handelnde seine Handlung gesondert von ihren Erfolgen auffasst, dass er nicht nur die Motive für sein Handeln sich vergegenwärtigt und zwischen diesen wählt, sondern dass er diesen Wahlakt ebenfalls erwägt und beurteilt, seines Wollens als freier Thätigkeit sich somit bewusst ist. Er muss nicht nur frei handeln können, sondern diese Freiheit wirklich fühlen, ja seine Entschliessung als Produkt freier Wahl empfinden, wofern er sich dieselbe isoliert von ihren praktischen Wirkungen, in Beziehung auf ein Gebot, soll vorstellen können und diese Vorstellung selbst zum Motiv für den Entschluss werden soll. Wer sich seiner Willensfreiheit nicht bewusst ist, kann in seinem Handeln lediglich durch die klare oder dunkle Vorstellung objektiver Wirkungen bestimmt werden, niemals durch die Vorstellung seiner subjektiven Willensrichtung, und da wir sahen, dass gerade in dem Ueberwiegen dieser Vorstellung über jene die Eigentümlichkeit des Sittlichen liegt, so kann es im allgemeinen keine entwickelte Sittlichkeit und kein Pflichtgefühl geben, wo kein Bewusstsein von der eigenen praktischen Freiheit vorhanden ist.

Kein Tier kann somit sittlich handeln; es folgt reflexionslos dem Instinkt, dem Trieb oder bei widerstreitenden Triebmotiven denjenigen Impulsen, welche sich aus primitiver, auf Vorstellungsassoziation beschränkter Erwägung ergeben. Der eigene Wille wird ihm nie zum Objekt, zur Vorstellung, es wird sich seines Wollens, seiner Freiheit nicht bewusst, die Vorstellung der Willensrichtung kann ihm also nie zum Handlungsmotiv werden; trotz aller, der Gattung dienlicher Handlungen kann das Tier also für die Entwickelungsgeschichte des sittlichen Gefühles gar nicht in Betracht kommen. Dasselbe gilt nun vom unzivilisierten Menschen; seine Triebe und Instinkte sind mannigfaltiger, als die des Tieres, seine Assoziationen reicher, seine Erwägungen daher komplizierter, aber auch er kann nie dazu kommen, in seinem Handeln anders als von reflexionslosen Trieben oder praktischen Erwägungen geleitet zu werden, kann nie dazu kommen, seine Willensrichtung in ihrem Verhältnis zu Geboten zu beurteilen und als Motiv mitwirken zu lassen, denn wirklich wie das Tier oder das des Selbstbewusstseins noch bare Kind, lebt und handelt er, ohne dass er auch nur die geringste Veranlassung hätte, im Verfolg seiner Vorstellungen von Welt und Menschen irgendwie seine Aufmerksamkeit auf seinen eigenen Willen, auf seine praktische Freiheit zu richten. Soweit irgendwelche Vorstellungen in dieser Richtung ausgebildet sind, führen sie vielmehr umgekehrt zu dem Gefühl der Unfreiheit; seiner Freiheit jedenfalls ist sich der Wilde — wenn dieser herkömmliche unpassende Ausdruck erlaubt ist — niemals bewusst. Von einer systematischen Theorie, aus welcher sich die Antwort auf die Frage, ob der Wille frei oder unfrei ist, einfach deduzieren liesse, ist selbstverständlich auf jener Stufe des Geisteslebens noch nicht die Rede, je klarer wir die einzelnen Ideen des naiven Bewusstseins kennen lernen, desto schärfer treten vielmehr ihre Unklarheiten und inneren Widersprüche hervor; Vorstellungen, welche einem primitiven Erklärungsbedürfnis ihre Entstehung verdanken, werden verwebt mit solchen, die vom Gefühlsleben hervorgerufen. Die Analyse solcher volkspsychischen Gedankenäusserungen kann mithin nur dann zu klarem Ueberblick führen, wenn sie die Motive trennt, aus denen die Ideen entstanden. Eine auf empirischer Basis in diesem Sinne ausgeführte Analyse führt nun schliesslich zu folgendem Resultat.

Zunächst ein negatives. Nirgends kommt der primitive Mensch dazu, sein psychisches Leben von dem physischen zu scheiden. Er wird sich der umgebenden Welt wie seines Körpers bewusst, aber nicht seines Bewusstseins; er apperzipiert jeglichen Bewusstseinsinhalt, nur seine Apperzeption nicht. Was er denkt und was er durch sein Handeln erreichen wird, kann ihn zum Nachdenken anregen; dass er denkt und dass er handelt, beschäftigt ihn niemals. Er kennt nur sein physisches, nicht sein psychisches Ich: kann doch kein Mensch seine eigene Netzhaut sehen. — Das soll nicht heissen, dass es den unzivilisierten Völkern an Vorstellungen über die Seele fehlt; im Gegenteil, solche finden sich überall ausgeprägt, nur jener Seelenbegriff hat, was so häufig übersehen wird, fast nichts mit dem unsrigen gemein. Da die psychischen Zustände als solche von ihren objektiven Ursachen und Wirkungen nicht getrennt wurden, so lag eben auch kein Motiv vor, ein mit dem Ich identisches Subjekt der psychischen Zustände zu suchen. Wenn somit die Seele im Selbstbewusstsein nicht erkannt wurde, so konnte auch im fremden lebenden Körper die Ursache der materiellen Veränderungen, der Bewegungen, nie anders als materiell gedacht werden, da der Begriff des Immateriellen ja nur aus der Analogie mit den von der materiellen Welt gesondert apperzipierten eigenen Bewusstseinsvorgängen entspringt. Das zur Willenshandlung Bewegende mochte also noch so fein, noch so dünn, noch so leicht gedacht werden, es blieb immer ein Körperliches und niemals kam man auf den Gedanken, weiterzufragen, weshalb diese körperliche Seele im Körper handle und Bewegungen veranlasse. Das Eintreten der Handlung bei Gefühlen, Trieben, Vorstellungen, Ueberlegungen erschien selbstverständlich; dass sich ein psychischer Wille dazwischenschiebt, nimmt der Mensch auf niederer Stufe ebensowenig wahr, als das Tier und das Kind.

So dienten denn die Seelenvorstellungen lediglich der Erklärung des Auffallenden oder Ungewöhnlichen, das Bedürfnis, Träume, Ohnmacht, Krankheit, Tod und ähnliches zu erklären, nicht aber die Selbstwahrnehmung war das Motiv für die Ausbildung der Ideen über die Seele, richtiger über die Doppelexistenz des Menschen. Es ist gleichsam ein zweiter Mensch, der im Traume den Körper verlässt und in die Ferne wandert. Aber die Hauptquelle dieses anthropologischen Dualismus sind die vitalen Funktionen, so dass Lebenskraft eigentlich eine korrektere Uebersetzung wäre als Seele. Wer das Innenwesen seines eigenen Körpers bezeichnen wollte, lokalisierte es in das pochende Herz, während die Seele der fremden Personen eher in der atmenden Brust oder im beweglichen Auge gedacht wird, und wo verschiedene Leistungen sich nicht vereinigen liessen, da glaubte man an zwei-, drei-, selbst vierfache Seelen. Jenes Innenwesen fasst also entschieden nicht das Selbstbewusstsein in sich, es ist nicht das Subjekt der psychischen Zustände, und jene Schilderung, wie die Fidjiinsulaner, wenn sie krank sind, laut ihre eigene entflohen geglaubte Seele zurückrufen, ist typisch für diese Trennung. Das Innenwesen wirkt auf das Innere ein wie die äusseren Dinge; die aus Erklärungsmotiven entsprungenen

Seelenvorstellungen bestätigen also gerade, dass seines eigentlichen Bewusstseins, seiner psychischen Vermögen, vor allem seiner Willensakte und seiner Willensfreiheit der Naturmensch sich nicht bewusst wird. Dazu kommen nun die Vorstellungen, die einem entgegengesetzten Motiv, dem Abhängigkeitsgefühl, entspringen, das aus der Furcht entstammt. Hoffnung und Furcht sind ja überall lebendig, denn niemandem ist die Erfahrung zu ersparen, dass der Ausgang der eigenen Handlungen so oft den Wünschen widerspricht. Im Rückblick wird freilich nur das nichtgewollte Unglück einer fremden Macht zugewälzt; beim Blick in die Zukunft aber fordern Hoffnung und Furcht gleichmässig ihre Umkleidung durch Vorstellungen. Der Gegensatz der Gefühle wird in die Geisterwelt hineingetragen und der Affekt klammert sich an jeden beliebigen Gegenstand, wenn auch mit Vorliebe bestimmten psychologischen Motiven folgend. Die ganze Fülle jener Erscheinungen, die als Fetischismus und Dämonenglaube bekannt sind, repräsentiert so die Vorstellungen, in denen das Abhängigkeitsgefühl des Menschen sich zum Ausdruck brachte. Nur eins ist ihnen allen gemeinsam, dass der Mensch, der über die für sein eigenes Wohl indifferenten Willensakte überhaupt nicht reflektiert, alle diejenigen Handlungen, an die Hoffnung oder Furcht sich knüpft, von der Kausalität seiner Persönlichkeit ablöst und in die Kausalreihe einer höheren Notwendigkeit verlegt. Sämtliche Reflexionsanfänge des primitiven Menschen führen bezüglich seiner Handlungen also dahin, dass sie Produkt eines in ihm lebenden körperlichen Innengeschöpfes sind oder dass sie von fremden körperlichen Wesen abhängen; seiner eigenen Freiheit wird er sich weder direkt noch im Verfolg seiner sonstigen Anschauungen bewusst. Wie das Tier folgt er seinen Trieben und seiner Wahrnehmung der äusseren Verhältnisse, überall dort dagegen, wo Gebote gelehrt werden, die nicht bloss Nützlichkeitsmassregeln sind, da liegt in jenem: du sollst! auch ein Hinweis auf die eigene Freiheit, der in entwickelteren Kulturverhältnissen ein wenn auch unklares und unpsychologisches Freiheitsbewusstsein selbst im Ungebildetsten hervorruft.

Aber es genügt nicht, nur negativ festzustellen, dass der primitive Mensch bis zum Bewusstsein der Willensfreiheit gar nicht vordringt. Es folgt ja freilich auch daraus schon, dass Verantwortlichkeit, die doch nur denkbar ist, wo man im eigenen Ich die Quelle seiner Thaten spürt, und dass Gewissen und Pflichtbewusstsein, die eine von der Annehmlichkeit des Erfolges unabhängige Beurteilung des Willensentschlusses als solchen voraussetzen, Begriffe sind, die für ihn überhaupt keinen Sinn haben können, ja, dass er die Handlungen nur nach ihrem äusseren Erfolge bemisst, nur aus nüchterner Berechnung oder reflexionslosen Trieben und Gewohnheiten sich entscheidet, kurz einer sittlichen Leistung unfähig ist. Trotzdem müssen wir jetzt auch positiv verfolgen, wie diejenigen Elemente des Völkerbewusstseins, die in ihren äusseren Folgen dem Inhalt nach unseren sittlichen Handlungen ähnlich sind, vor allem wie Religion, soziale Tugenden und Recht dennoch fast überall thatsächlich bestehen können und welchen Wert die ihnen zu Grunde liegenden Motive besitzen. Selbstverständlich müssen wir uns auch hierin auf eine ganz skizzenhafte Andeutung beschränken und statt des Materials lediglich die Resultate unserer Untersuchung erwähnen.

Betrachten wir zunächst die Religion, so tritt uns das objektiv Unsittliche eigentlich aufdringlicher entgegen als das subjektiv Unethische, aber nicht ersteres hat uns hier zu kümmern, da wir ja nicht fragen wollten, ob die religiösen Handlungen der Wilden unseren sittlichen Geboten entsprechen oder nicht, sondern untersuchen wollten, ob diese religiösen Handlungen von jenen aus sittlichem Gefühl vollbracht wurden. Das objektiv Unethische fällt, wie gesagt, mehr in die Augen; es besteht darin, dass in den Gesetzen und Vorschriften der Götter uns sittlich Gleichgültiges, Gutes und Schlechtes durcheinander gemischt ist; geboten ist eben alles, was die angenommenen Schicksalsgeister günstig beeinflusst, verboten alles, was sie zur Strafe veranlasst, und da hier das post hoc ergo propter hoc in rohester Form geglaubt wird, so ist den widersinnigsten Vorschriften der Weg gebahnt und ihre Ausführung muss immer wieder den Glauben an ihren Wert verstärken. Für uns entscheidend ist lediglich das in allen völkerpsychologischen Religionsanfängen wiederkehrende, subjektiv unethische Moment. Jeder subjektiv sittliche Glaube ist durchdrungen von der Ueberzeugung, dass der Schicksal lenkenden Macht gedient werden muss, ohne Rücksicht auf Belohnung, dass jene nur auf das Herz, nicht auf die Hand achtet, dass der Wille und nicht der Erfolg bei ihr entscheidet. Das naive Bewusstsein ist völlig in dem entgegengesetzten Vorstellungskreis gefangen. Mit Gebet und Opfer glaubt der Wilde seinem Gott einen persönlichen Gefallen zu thun, für das der Gott in seiner Art sich ebenso dankbar zu zeigen hat wie der Nebenmensch, dem eine Wohlthat erwiesen wurde; Gebet und Opfer sind ihm also nichts als Bitte und Geschenk, bei denen es eben nur auf den Eindruck ankommt, den der andere erhält, nicht auf die eigenen Motive. Ja, Gebet und Opfer als Dank für die gütigen Götter sind verhältnismässig so späte Kultusformen, dass ursprünglich alle Verehrung sich nur auf die Zukunft bezog, von Hoffnung und Furcht geleitet, die Motive also durchweg egoistische waren. Aus selbstsüchtigem Trieb, aus praktischer Berechnung wurde den Göttern — an die man glaubte, ohne den subjektiven, hauptsächlich in der Erinnerung an die Toten liegenden Ursprung dieses Glaubens zu erkennen — ihr Opfer dargebracht, weil jene dadurch gleichsam genötigt waren, das Schicksal günstig zu lenken; von einem sittlichen Akt, der nur durch die Freiheit des Willens und durch die vom Nutzen unabhängige Beurteilung des Handelns Wert erhält, ist also keine Rede. Eben deshalb glaubte man die Zukunft nicht nur dadurch zu beeinflussen, dass man den Göttern schmeichelte und huldigte, dem Fetisch Speise, Trank und Weihrauch darbrachte, dem Götzen Hunde und Pferde opferte oder ihn mit Rum übergoss, sondern auch wenn man ihn überlistete, wertlose Opfer überliess, ihn mit Gewalt überwand oder den glückbringenden Fetisch raubte. Wer den Gott sich nicht durch Huldigung oder List günstig stimmte, der wurde von Furcht vor der Strafe der Götter gequält; es war aber eben nur die egoistische

Furcht, nicht der ethische Vorwurf des Gewissens. **Subjektiv sind jene Religionshandlungen mithin nichts als ein Tauschgeschäft** und danach bemisst sich der so oft übersehene ethische Unwert.

Zu ähnlichem Resultat, wenn auch aus ganz anderen Gründen, führt die Betrachtung der sogenannten sozialen Tugenden und Laster, bei der meist, zum Schaden des Verständnisses, völlig divergente Faktoren durcheinander gemischt werden. Wir müssen entschieden trennen erstens diejenigen Wesenseigenschaften primitiver Völker, welche wir tugendhaft nennen, jene aber gar nicht als solche beachten, weder erstreben noch schätzen; daneben stehen zweitens diejenigen Handlungen, welche uns ethisch gefärbt erscheinen, von jenen aber zwar für rühmlich und erstrebenswert gehalten, doch lediglich nach ästhetischem Massstab gemessen werden; drittens schliesslich ist das soziale Leben der Naturvölker von uns sittlich indifferenten Geboten und Verboten reguliert, die einfach die Macht des Stärkeren gegenüber dem Schwächeren bekunden. Dass durch eine Verwirrung dieser drei Momente dasselbe Volk oft die widersprechendsten Berichte über seine sittlichen Anschauungen hervorrufen konnte, ist einleuchtend.

Zu der ersten Gruppe, den Handlungen, welche in ihrem objektiven Erfolge den Zielen unserer sittlichen Gebote entsprechen, und welche der primitive Mensch erfüllt, ohne sich ihres Gebotenseins bewusst zu werden, gehören die mannigfachen Formen der Bethätigung von Neigungsgefühlen. Wir können getrost behaupten, dass man noch kein Volk näher beobachtet hat, bei dem man nicht deutliche Spuren von Wohlwollen gefunden hätte. Der Kreis, auf den das Wohlwollen sich erstreckt, ist zwar ursprünglich nur der der engeren Familie, dann der ganzen Sippe, später erst der Genossenschaft, aber jedenfalls ist die Gastfreundschaft weiter verbreitet als irgend eine andere Sitte. Und dennoch ist es ein Irrtum, dem Wilden ethische Wertschätzung wohlwollender Handlungen zuzuschreiben; so zu handeln, ist sein Instinkt, seine Eigenschaft, die sein Wille ihm nicht gegeben hat und nicht nehmen kann. Er würde sich kein Gewissen daraus machen, anders zu handeln; er handelt so, weil es seiner Natur gemäss ist, ohne das Prinzip seines sympathischen Handelns als Gebot zu beachten und daher auch ohne Ueberwindung eines anders gerichteten Willens. Der von der Handlung erwartete Erfolg erscheint angenehm und wird deshalb zum bevorzugten Motiv; die Beschaffenheit der Handlung selbst und ihr Verhältnis zu irgend welchen Geboten bleibt ganz ausser Frage. So ist es denn völlig zutreffend, wenn wir von Völkern etwa hören, dass sie harmlose, friedliche, fleissige, gastfreundliche Leute sind, aber durchaus kein Sittlichkeitsgefühl besitzen. Was in ihrer Lebensführung gut ist, das ist Instinkt, nicht Tugend, wie es ja auch keinem einfällt, ganz ähnliche Handlungen aus sympathischem Instinkt bei Insekten und Wirbeltieren auf ethische, d. h. vom Erfolg unabhängige Wertschätzung zurückzuführen.

Eine wirkliche Wertschätzung seitens der niederen Völker findet nun bei jener zweiten Gruppe von Leistungen statt; das Missverständnis besteht nur darin, aus dem Umstand, dass wir an jene Handlungen einen ethischen Massstab anlegen, nun auch gleich zu schliessen, dass jene primitive Wertschätzung ebenfalls eine ethische wäre. Auf diese Weise wird Völkern, welche Handlungen schätzen, die uns verächtlich scheinen, eine perverse Ethik zugeschrieben, während der Standpunkt ein ganz verschiedener ist, die Wertschätzung sich vielmehr der ästhetischen als der ethischen nähert. Raub und Mord gelten den meisten Wilden als rühmlich; weil wir aber beide unter ethischem Gesichtspunkt betrachten, dürfen wir noch lange nicht schliessen, der Wilde halte den Mord für ethisch wertvoll. Nein, er rühmt ihn als Zeichen von Kraft und Stärke, so wie er Tapferkeit, Geschicklichkeit und Schönheit rühmt; alle jene Eigenschaften, die den einzelnen über die anderen erheben, sie imponieren ihm, sie erwecken ihm sinnliche Lust, gerade so wie bunte Farben und rhythmische Töne. Und das ist keine blosse Wortunterscheidung, wenn wir sagen, Raub und

Mord erscheinen dem Unzivilisierten nicht sittlich gut, sondern ästhetisch schön; darin liegt vielmehr als tiefere Unterscheidung, dass es ihm nicht auf das Motiv, sondern auf den Erfolg, nicht auf den Willen, sondern auf die That ankommt und daher die angeborene Körperstärke und Körperschönheit mehr noch geschätzt wird als die Tapferkeit und der Mut.

Was schliesslich die Gebote und Verbote betrifft, welche der persönlichen Freiheit des einzelnen im sozialen Leben lästige Fesseln anlegen, so zeigt sich, dass ihnen nicht die geringste ethische Färbung zukommt. Es sind Vorschriften, die der Starke dem Schwachen, die Männer den Frauen, die Aelteren den Jüngeren aus Eigennutz auferlegen und deren Erfüllung aus Furcht und Gewohnheit erfolgt; von subjektiv sittlichen Momenten, von einem Pflichtbewusstsein ist also auch in diesem Falle keine Rede.

Es bleibt uns jetzt nur noch ein Vorstellungskreis, für den ebenfalls stets sittliche Gefühle als Quelle betrachtet wurden, die Ideen über Strafe, Rache und Vergeltung. Eine Strafe muss sich für unser Gefühl ja in erster Linie auf den freien Willen beziehen; es hiesse nun aber den Thatsachen Gewalt anthun, wenn man verkennen wollte, dass im primitiven Völkerbewusstsein das Gegenteil stattfindet, der Wille bei der strafenden Vergeltung gar nicht in Frage kommt. Die Rechtspflege hat sich aus der Blutrache entwickelt und zwar meist auf dem Wege, dass die Rache zuerst den Verwandten des Geschädigten zustand und später erst die Gesamtheit, der Staat, die Strafe seinerseits in die Hand nahm, um der willkürlichen Privatrache engere Grenzen zu ziehen. Die Blutrache ist nun aber zweifellos keine Reaktion des gekränkten Gerechtigkeitsgefühles, sondern eine Reaktion des Schmerzes. Dem anderen Schmerz zufügen wird auf jener Stufe als Trost im eigenen Schmerz empfunden; dem anderen sich als der Stärkere erweisen, beseitigt das Unlustgefühl, von jenem geschädigt zu sein. Wie hätte auch der Mord als Verletzung sittlicher Gefühle gelten können, da der Mord an sich ja etwas Rühmliches war und durch neue Mordthat ausgeglichen wurde. Die Rache bestraft daher die unabsichtliche Verletzung genau so wie die absichtliche, sie beschränkte sich sogar überhaupt nicht auf den Menschen. Wenn in Ostasien jemand vom Baum gefallen, muss der Baum zerbrochen werden, und wenn einer vom Tiger getötet, muss von den Verwandten ein Tiger erlegt werden. Es heisst also, spätere Entwickelung antizipieren, wenn in den frühesten Stadien als Motiv der Strafe ein sittliches Gerechtigkeitsgefühl betrachtet wird. — Wir können somit zusammenfassend sagen: **Religion, soziales Leben und Recht bestehen im primitiven Völkerbewusstsein ohne die geringste subjektive Sittlichkeit, ohne die geringste Ahnung einer ethischen Pflicht.** Neigungen, Gewohnheiten, Furcht und Ueberlegung sind die einzigen Antriebe, die alle auch schon dem Tier gegeben sind; die Stimme des Gewissens kennt dagegen der unzivilisierte Mensch so wenig als das Tier.

Die Behauptung, dass der Ursprung der Sittlichkeit nicht in den Zeiten des Naturzustandes zu suchen sei, ist in der begrenzteren Form, dass es gewisse Völker gäbe, welche aller Sittlichkeit bar sind, schon häufig aufgestellt. So ist es bekannt, wie Lubbock, wahrlich nicht leichtfertig, sondern in ernstem Ringen mit seinen vorgefassten metaphysischen Ideen, welche die Sittlichkeit als Wesensbestandteil des Menschen auffassten, dennoch auf Grund der Missionarsberichte von all den Lastern und Greueln der wilden Völker sich mit der ihm traurigen Ueberzeugung abwendet, dass es Sittlichkeit dort nicht gibt. Es leuchtet ein, dass dieser Auffassung mit der unsrigen nur Worte, kein Inhalt gemein sind. Nach unserer Auffassung kann ein Volk jene eigentümliche seelische Leistung der Sittlichkeit sehr wohl kennen und pflegen, obgleich seine sämtlichen Handlungen, vom Standpunkt unserer Gebote betrachtet, Verbrechen und greuelvolle Laster sein mögen. **Ob ein Gebot lautet: du sollst deine eigenen Frauen, wenn sie ungehorsam sind, töten und aufessen, oder ob es modernere Fassung hat, darauf kommt es für die Frage, ob die Bewohner eines Landes die Sittlichkeit kennen, zunächst gar nicht an,** sondern nur darauf, ob jene menschenfresserische That um des Vergnügens an der That willen, oder aus Lust an der Erfüllung eines Gebotes begangen wird.

So ist es denn auch von unserem Standpunkt kein Gegenbeweis gegen den Sittlichkeitsmangel der Naturvölker, wenn andere Zusammenstellungen anthropologischer Berichte solche Fälle sammeln, in denen z. B. Naturvölker des Orients sich noch viel sittlicher erweisen sollen als unsere Kulturvölker des Occidents oder, wie Spencer es kürzlich nannte, diejenigen Tugenden wirklich ausführen, mit deren Empfehlung wir uns begnügen. Es ist ja sehr wohl möglich, dass die Papuas untereinander, wie Spencer den Reiseberichten entnimmt, brüderliche Zuneigung in ihrem Handeln beweisen, dass bei anderen Völkern Verbrechen ganz unbekannt sind u. s. w. Das würde alles nur besagen, dass die von jenen Völkern ausgeführten Handlungen unseren Geboten entsprechen, ob aber die Motive dieser Handlungen sittlichen Wert beanspruchen können, ob also subjektive Sittlichkeit dort bekannt ist, lässt sich dem nicht im geringsten entnehmen. Gerade diese Fälle scheinbarer Sittlichkeit nötigen uns nun aber, nicht, wie bisher, uns mit flüchtigem Ueberblick über die Handlungen zu begnügen, sondern die Motive derselben im einzelnen zu verfolgen.

Vergegenwärtigen wir uns, ob diejenigen Motive, aus welchen auf frühester Entwickelungsstufe alle die Handlungen geschehen, deren objektive Erfolge wir mit sittlichem Massstab zu messen gewohnt sind, ob diese Motive auch nur irgendwie sittliche Regungen enthalten, ob sie die Keime eines Pflichtbewusstseins oder des Gewissens in sich bergen.

Wir können im allgemeinen vier verschiedene psychologische Bestimmungsgründe dieser Art konstatieren und müssen zufügen, dass jeder einzige derselben, bald dieser, bald jener, bald mehrere zugleich, als früheste Repräsentanten subjektiver Sittlichkeit gegolten haben. Diese vier Motive sind das Interesse an der Befriedigung der eigenen Bedürfnisse, das Neigungsgefühl, das Gefühl der Abhängigkeit von den Göttern und das Gefühl ästhetischer Wertschätzung.

Das erste Moment, das egoistische Interesse, das

ja überall und zu allen Zeiten Hauptantrieb des Handelns ist, kann ja nun freilich nicht ohne weiteres für sittlich erklärt werden, da es unsittliche oder sittlich wertlose Handlungen dann überhaupt nicht geben würde. Aber je mehr man dieses egoistische Interesse zum einzigen Thätigkeitsmotiv erheben wollte, desto energischer und einseitiger wurde das Bemühen, gewisse Unterabteilungen dieser Kategorie für die Sittlichkeit in Anspruch zu nehmen; besonders die Bevorzugung der **dauernden Befriedigung** vor der vorübergehenden, womit im Kulturleben vor allem die Bevorzugung der geistigen Befriedigung vor der sinnlichen parallel geht, sollte sittlich wertvoll sein. Die Veranlassung dazu ist leicht ersichtlich. Diejenigen objektiven Erfolge, auf deren Verwirklichung unsere heutigen Pflichtgebote hinzielen, werden ja zweifellos eher erreicht, wenn die dauernde Befriedigung der vorübergehenden vorgezogen wird. Da nämlich, aus Gründen, die wir noch zu prüfen haben, jene Richtung unserer Gebote zweifellos die Erhaltung und Vervollkommnung der Menschheit ist und im allgemeinen für uns das dauernd Befriedigende sich mit dem für unsere Erhaltung dauernd Nützlichen zu decken pflegt, so wird in der That die Vorstellung längerer, wenn auch späterer Annehmlichkeit im Gegensatz zur Vorstellung kürzeren, aber sofort zu erwartenden Genusses ein wichtiges Motiv für die Hervorbringung objektiv sittlicher Erfolge sein.

Gar zu sehr verallgemeinern können wir freilich selbst dieses nicht. Ueberall da nämlich, wo mythische Vorstellungen zum Glauben an ein postmortales ewiges Leben geführt haben und gleichzeitig die, Lohn und Strafe für die Ewigkeit austeilenden, Mächte so gedacht werden, dass fromme Unthätigkeit oder gar grausame Opfer ihnen wohlgefällig erscheinen, da wird diese Bevorzugung der dauernden ewigen Annehmlichkeit vor der irdischvergänglichen Freude offenbar jenem Verlangen nach Vervollkommnung und Erhaltung unserer realen empirischen Menschheit geradezu entgegentreten; die Naturgeschichte der Menschheit belegt das bekanntlich mit zahlreichen Beispielen, die nicht alle ausserhalb unseres engeren Kulturkreises zu suchen sind. Wenn heute dieses religiöse

Hemmnis irdischer Sittlichkeit völlig beseitigt ist, so liegt es
vor allem daran, dass die Religionen sich sittlich geklärt
haben, die nützliche Werkthätigkeit zum Ausdruck der Fröm-
migkeit geworden ist, in sekundärer Weise auch daran, dass
in denjenigen Kreisen, welche die Zwangsmittel für die grosse
Masse regulieren, die sichere Forderung des Tages gemeinhin
mehr beachtet wird, als die unsichere Forderung der Ewigkeit. Wie dem aber auch sein mag, keinenfalls kann die
Bevorzugung der dauernden Befriedigung vor der vorübergehenden unter einem andern Gesichtspunkt betrachtet werden,
als überhaupt die Befriedigung der eigenen Bedürfnisse; wo
der Intellekt ausreicht, die Konsequenzen des Handelns irgendwie zu überblicken, da verlangt schon der Selbsterhaltungstrieb, dass nicht mit kurzer Freude ein langes Leid erkauft
werde. Wenn ein Tier seiner Beute auflauert, so ist die
wartende lauernde Stellung ihm zweifellos unbequem, aber
die Vorstellung der zu erwartenden relativ andauernden
Sättigung wirkt stärker als das vorübergehende Unbehagen
der unbequemen Stellung; und dennoch vollbringt das Tier
damit doch nichts, was etwa der Sittlichkeit näher stände,
als wenn es nach der Beute direkt schnappt; es sorgt dort
auf einem Umweg für das Behagen und den Genuss, den es
hier unmittelbar erlangt.

Ebenso werden wir, wenn jemand seiner Erziehung gemäss an geistigen Genüssen mehr Freude hat, als an sinnlichen, es ihm doch nicht als sittliche That anrechnen, wenn
er im einzelnen Fall dieser Neigung folgt und seinem innersten
Wunsche gemäss den geistigen Kunstgenuss vorzieht; wir
werden dem Betreffenden feinsinnige Bildung zuerkennen und
werden selbstverständlich zugeben, dass eine solche Bildung
grössere Garantie für Ausübung objektiv sittlicher Leistungen
biete, als Unbildung sie bieten kann. Aber von einer subjektiv
sittlichen Leistung kann da nicht die Rede sein, während
umgekehrt der Bildungsrohe, der, seiner Neigung nach, den
Sinnengenuss der geistigen Erhebung vorziehen würde, zweifellos subjektiv sittlich handelt, wenn er letztere, seiner Neigung
entgegen, bevorzugt, um damit einem Gebot zu entsprechen,

das von irgend einer Autoritätsseite ihm eingeprägt worden ist. Jede That, deren treibendes Motiv die vorgestellte Befriedigung unserer Neigungen und Bedürfnisse ist, entbehrt somit jenen psychologischen Faktor, der uns im praktischen Leben das thatsächliche Kriterium der sittlichen Leistung ist und bleiben muss.

Ganz Aehnliches gilt von dem zweiten Motiv objektiv sittlichen Lebens, dem Neigungsgefühl, das ja überall zur Grundbedingung sozialer Lebensformen wurde. Man kann darüber streiten, ob die Aneignung lebhaften Neigungsgefühles eine sittliche Leistung oder nur ein sittlich indifferentes psychologisches Geschehen ist; das aber scheint doch unzweifelhaft, dass, wo einmal diese Aneignung erfolgt ist, wo thatsächlich fremdes Leid selbst als Leid empfunden wird, fremde Freude eigene Lust erregt, dass da der Mitleidige und Mitfreudige in seinem sympathischen Handeln nicht anders seinen Gefühlen folgt, wie wenn das Selbstgefühl, wie wenn eigenes Leid und eigene Freude ihn zum Handeln veranlasste, dass seine Leistung mithin auch von keinem anderen Gesichtspunkt betrachtet werden darf. Wenn es mir Pein verursacht, fremdes Leid zu sehen, ist es da ein besonderes Verdienst, wenn ich alles thue, mich von diesem Unbehagen zu befreien, indem ich das fremde Leid lindere? Und soll es, nicht objektiv, sondern in Bezug auf meine subjektive Leistung, wertvoller sein, wenn ich mir Freude dadurch verschaffe, dass ich den mir Liebsten Gutes thue, als wenn ich meiner eigenen Person ein Behagen erzeuge? Ja, wenn von irgend einer autoritativen Seite ein Gebot ausginge, den Freunden in der Not nicht zu helfen, dann würde es allerdings starke ethische Kraft erheischen, dem Gesetze zu folgen, denn es drängt unsere Neigungen, unsere Wünsche, unsere Gefühle völlig zurück; diesen Neigungen und Wünschen aber zu folgen, daraus kann kein aufrichtiger Sinn sich ein Verdienst ableiten.

Das hat nun freilich auch seine Grenze. Das Gute, das ich dem Fremden erweise, kann einen Punkt erreichen, wo meine Wohlthat auch subjektiv schlechthin eine ethische Leistung ist. Das wird offenbar dann eintreten, wenn die

Lust, die mir die Freude des andern verschafft, unmöglich so gross ist wie die Unlust, die mir selber dadurch direkt zugefügt wird, wenn also nicht die Freude an dem erwarteten Erfolg, mithin nicht das Neigungsgefühl das Motiv sein kann, sondern die That nur aus der Freude an der Pflichterfüllung, aus der Lust am Gebot, aus Gewissensregung erklärbar ist. Alle diejenigen sympathischen Handlungen, die wir auf primitivem Kulturstadium wirklich antreffen, bewegen sich nun thatsächlich noch innerhalb jener Grenze; sie entspringen wirklich aus Lust an fremder Lust, aus Leid an fremdem Leid, und unterbleiben daher, wenn der eigene Schaden dabei mehr Unlust schafft, als die fremde Freude dem Wohlthäter Lust bereitet. Sowenig wir es also dem Naturmenschen als sittliches Verdienst anrechnen, wenn er, seiner Neigung folgend, im Walde umherschweift, sowenig dürfen wir ihm daraus ein sittliches Verdienst konstruieren, wenn er, ebenfalls seiner Neigung folgend, seinem Genossen Gastfreundschaft bietet.

Wo Freude und Schmerz an fremdem Erlebnis überhaupt vorhanden ist, da kann die einzelne Bethätigung desselben durch sympathisches Handeln also unmöglich Ausdruck subjektiver Sittlichkeit sein; es fragt sich nur, ob das Entstehen solcher Mitfreude und solchen Mitleides nicht an sich schon sittliche Leistung ist, eine Frage, die von der vorigen wesentlich verschieden, wiewohl beide [meist vermengt zu werden pflegen. Zweifellos hat nun Wundts Ethik darin recht, wenn er alle diejenigen Auffassungen für falsch hält, welche das Mitgefühl aus einer reflexionsmässigen Uebertragung des fremden Affektes in das Selbstgefühl erklären wollen. Nach der That lässt sich die Tendenz der sympathischen Handlung wohl in der Reflexion so auslegen, als hätte der Handelnde sich vorgestellt, wie er den Beistand der anderen gewünscht hätte, wenn er selber sich in der Lage befunden hätte, in der er den Mitmenschen sah. Vor oder während der That tritt bei der reinen sympathischen Handlung aber eine Reflexion überhaupt nicht ein, und wo die Handlung nicht rein sympathisch, sondern mit Reflexionsmotiven durchwebt ist, da werden es entweder Reflexionen über das sittliche Gebotensein der Handlung oder Reflexionen über den zu erwartenden Nutzen, Erfolg oder Lohn der Handlung sein, niemals aber jene theoretischen Uebertragungen in das Selbstbewusstsein; die letzteren sind vollständig sekundäre Kunstprodukte, die im wirklichen psychologischen Leben nicht vorkommen. Auch darin hat Wundt vollkommen recht, dass Selbstbewusstsein und Bewusstsein von Objekten und daher ebenso Selbstgefühl und Mitgefühl sich im einzelnen Menschen gleichzeitig und parallel entwickeln.

Das alles beweist nun aber doch noch nicht, dass, wie er annimmt, »alle aus dem Mitgefühl entspringenden Motive an die Existenz eines realen Gesamtwillens gebunden sind«. Das Mitgefühl ist ein Gefühl, das ich nicht in Beziehung zum Selbstbewusstsein bringe, das daher auch nicht in das Selbstgefühl eingeht, das aber doch niemals für mich existieren würde, wenn ich es nicht selber fühlte, und nur als mein eigenstes Gefühl kann es meinen Willen, meine Triebe in Erregung setzen. Sowie das Kind und in viel weiterer Grenze das Tier Gefühle hat, ehe sich ein Selbstbewusstsein und somit ein Selbstgefühl bildet, Kind und Tier also von den Gefühlen ohne Hilfe des Selbstgefühls unmittelbar zu Willenshandlungen getrieben werden, so werden auch diejenigen Gefühle, die Freud und Leid der anderen in mir weckt, Willensregungen in mir erzeugen, ohne dass ich erst durch Reflexion jene Gefühle auf meine Person beziehe, in mein Selbstgefühl eingliedere. Immer aber muss in mir selbständig ein Gefühl entstanden sein, wenn ich dementsprechend wollen soll, und dieses Gefühl, diese Freude und dieser Schmerz an fremdem Zustand kann doch nur auf dem einen Wege in mir entstehen, auf demselben, auf welchem mein Bewusstsein von fremden Objekten entsteht, auf dem Wege der sinnlichen Erfahrung und der assoziativen Verbindung der Erfahrungselemente.

Man darf sich offenbar das Verständnis solcher Fragen nicht dadurch unmöglich machen, dass man, als unübersteigbare Hindernisse, erkenntnistheoretische Grundfragen sich in den Weg stellt und etwa an solcher Stelle den Zweifel an der Wirklichkeit der Aussenwelt aufwirft. Es ist vielmehr bei der Untersuchung solcher Probleme der sozialethischen Psychogenese genau wie in allen anderen positiven Wissenschaften die Wirklichkeit der Mitmenschen und der übrigen Aussenwelt die selbstverständliche Voraussetzung. Wenn das aber festgehalten wird, so verstehe ich nicht, wie Lust und Unlust, hervorgerufen durch den Zustand fremder Geschöpfe, im einzelnen anders entstehen soll als durch Erfahrung und Assoziation der Erfahrungselemente. Wenn aber diese meine Lust und Unlust ein Produkt einfacher Assoziationen ist und als solche in mir Triebe auslösen, weshalb sollen sie dann irgendwie an die Existenz eines Gesamtwillens gebunden sein und durch ihr Dasein das Dasein eines Gesamtwillens beweisen?

Ganz anders läge die Sache natürlich, wenn wir in der Erklärung des Mitgefühls auf den Weg der sinnlichen Uebertragung verzichten könnten und annehmen dürften, dass eine Seele unmittelbar ihren Affekt rein psychisch auf die andere überleiten könnte; wir müssten dann jenen Propheten der allermodernsten übersinnlichen Weltanschauung trauen, die in ihren spiritistisch-psychologischen Experimenten, in ihrer Telepathie und Gedankenübertragung den Beweis sehen, dass der Affekt des Antipoden, von dem ich nie etwas vernommen, mich ebenso beeinflussen kann wie der meines Stubengenossen, den ich leiden sehe und jammern höre. Und da selbst die Sternbewohner ihres psychischen Separatanschlusses bei dem allgemeinen seelischen Ineinanderfliessen nicht entbehren, so wäre ein subjektiver Gesamtwille im universalsten Sinne wirklich hergestellt. Nun, solchen auf unkritischer Grundlage sich erhebenden phantastischen Spekulationen steht selbstverständlich niemand ferner als Wundt, der kritische Schöpfer und Führer der wahrhaft experimentellen Psychologie. Wer aber solch ein übersinnliches Kommunizieren der Bewusstseinsinhalte bestreitet, der kann in Mitleid und Mitfreude doch nur diejenigen Gefühle sehen, mit denen der einzelne die sinnliche Wahrnehmung oder Vorstellung fremder Freuden und Leiden begleitet. Nicht das fremde Gefühl erzeugt in mir Mitgefühl, sondern das fremde Gefühl äussert sich in Ausdrucksformen, die ich wahrnehmen kann und deren Wahrnehmung in mir

Freude oder Leid anregt. Da diese Gefühlsbetonung meinerseits in jener Wahrnehmung noch nicht liegt, so muss hier offenbar eine Assoziation eintreten, nach der gewöhnlichen Auffassung derart, dass jene wahrgenommene Vorstellung Vorstellungen von lebhaftem Gefühlston assoziiert; einfacher dürfte es freilich sein, zuzugeben, dass auch die Gefühle nur spezifische, nach Qualität und Intensität charakteristische Empfindungskomplexe sind, die sich mit Vorstellungen aus anderen Empfindungsgebieten assoziieren, hier also direkt mit gewissen Wahrnehmungen fremder Zustände auf Grund der Erfahrung assoziiert sind. Gleichviel, welcher Auffassung man zuneigt, Mitgefühle anders als durch Assoziation zu erklären, bleibt kein Weg offen. Dann aber beweisen die Mitgefühle nicht nur nicht die Existenz eines Gesamtwillens, sondern sie beweisen nicht einmal die Existenz fremder Affekte; mein Mitgefühl ist mir lediglich Zeuge dafür, dass materielle Objekte existieren, welche geeignet sind, Vorstellungen in mir wachzurufen, die unmittelbar, ohne dass eine reflexionsmässige Uebertragung ins Selbstbewusstsein sich dazwischen schiebt, mit Gefühlen verbunden sind.

Eben deshalb kann, wo die Assoziation eine feste ist, das Mitgefühl auch dort auftreten, wo das fremde Objekt von gar keinem Affekt behelligt wird, ja selbst da, wo wir genau wissen, dass der fremde Affekt fehlt. Um bei den einfachsten Fällen, bei der direkten sinnlichen Wahrnehmung stehen zu bleiben, genügt ein triviales Beispiel. Wer zum ersten Male grossen Operationen beiwohnt, wird von der Pein des Mitleids für den Patienten bei dem heilbringenden Schnitt auch dann erregt, wenn der Kranke chloroformiert ist, selbst also kein Gefühl hat; die unbewusste Assoziation ist stärker als das Wissen von ihrer objektiven Berechtigungslosigkeit. Daher kann denn auch selbstverständlich der sympathische Affekt durch jegliche Wahrnehmung angeregt werden, die irgendwie mit der Vorstellung eines Affektausdrucks assoziiert werden kann, und zweifellos werden die Tierliebhaber die Wundtsche Behauptung bestreiten, dass wir beispielsweise Mitfreude nur mit Menschen, nicht mit Tieren haben können. Die Erfahrung lehrt vielmehr, dass phantasievolle Gemüter auch durch das Leben der Pflanzen und Blumen zu Mitleid und Mitfreude angeregt werden, ja, der Dichter vermag es, unseren sympathischen Affekt sogar für leblose Dinge zu erwecken. Aus alledem dürfte vornehmlich das eine resultieren, dass Neigungsgefühle nicht einem Gesamtwillen entstammen, sondern Produkte sinnlicher Erfahrung und psychischer Assoziationen sind; ihre Erwerbung ist somit ein dem freien Willen entzogenes Ergebnis der Entwickelungsbedingungen, das auf den Wert einer sittlichen Leistung mithin nicht mehr Anrecht hat als etwa die sich heranbildende Erkenntnis der Aussenwelt. Wir erkannten vorher, dass es sittlich indifferent sei, sein Neigungsgefühl zu bethätigen, wo erst einmal dieses Gefühl vorhanden ist; wir können jetzt zufügen, dass dieses Gefühl zu erwerben, so wertvoll es unter allerlei anderen Gesichtspunkten erscheinen mag, sittlich ebenfalls indifferent ist.

Noch zwei andere ursprüngliche psychologische Motive der objektiv sittlichen Handlungen haben wir auf ihren subjektiv sittlichen Wert zu prüfen: das Ehrfurchtsgefühl und das ästhetische Wohlgefallen an gewissen Leistungen. Die Ehrfurchtsgefühle sind nach Wundt ein konstantes Element der Sittlichkeit, das überall im menschlichen Bewusstsein zum Grundmotiv wird für das religiöse Leben; ja, die ganze Entwickelung der Sittlichkeit beruht auf der Bethätigung des Neigungs- und Ehrfurchtsgefühles. Wir hatten bezüglich des Neigungsgefühles eingewandt, dass es freilich ein konstantes Element des Bewusstseins wäre, an sich aber gar keinen sittlichen Wert beanspruchen dürfe; wir können bezüglich der Ehrfurcht zufügen, dass sie allerdings unbedingt ein sittliches Motiv ist, aber durchaus nicht überall vorkommt, den niederen Stufen des Geisteslebens vielmehr ganz abgeht. Nicht Ehrfurcht vor den Göttern finden wir bei den primitiven Naturvölkern, sondern lediglich Furcht, und dass die Furcht an sich kein sittliches Motiv sei, wird niemand bestreiten. — Wundt legt dem Unterschied zwischen Furcht und Ehrfurcht offenbar keinen besonderen Wert bei, denn dort, wo er bei der Darstellung der christlichen Ethik das Motiv der Liebe durch den Gegensatz hervorheben will, betont er, dass in Bezug auf das Verhältnis des Menschen zu Gott für jede ursprünglichere Religionsanschauung die Furcht das herrschende Motiv gewesen sei. Dennoch dürfte die Differenz zwischen Furcht und Ehrfurcht durchaus nicht unbedeutend sein; ja, die Ehrfurcht steht der Liebe vielleicht näher als der Furcht. Eine Handlung, die aus Furcht unterbleibt, wird doch offenbar nur deshalb unterlassen, weil die Vorstellung ihres Erfolges. von Unlust begleitet ist; wird sie dagegen aus Ehrfurcht unterlassen, so ist es nicht der Erfolg, sondern die Handlung selbst, welche Unlust erweckt; die Ehrfurcht scheut nicht die Folgen der That, sondern die That selbst, weil ihre Maxime einem Gebot widerspricht. Wir haben Furcht, nicht Ehrfurcht, vor einem Tyrannen, der die Macht hat, uns zu vernichten, wenn wir ihn verletzen; wir haben Ehrfurcht, nicht Furcht, vor einem Greise, der freilich nicht die Kraft hat, uns zu schaden, uns furchtbar zu werden, den zu verletzen uns aber die Ehrfurcht abhält, weil Achtung vor dem Alter wir als Gebot in uns aufgenommen haben. Die Furcht beruht also auf Lust oder Unlust an dem Erfolg der Handlung, die Ehrfurcht beruht auf Lust oder Unlust an der Handlung selbst in Rücksicht auf ihr Verhältnis zu autoritativen Geboten; nun hatten wir eingangs gesehen, dass gerade das letztere das einzige charakteristische Merkmal des Sittlichen sei. Jede That, die aus Rücksicht auf ihren äusseren Erfolg geschieht, erkannten wir als sittlich indifferent, jede That, die aus Rücksicht auf die Uebereinstimmung der Handlungsmaxime mit autoritativen Geboten erfolgt, erschien uns sittlich; wir können daher sagen, die Ehrfurcht ist schlechthin sittlich, die Furcht dagegen sittlich indifferent, wofern sie nicht durch eine Verletzung von Geboten geradezu unsittlich wird.

Ob diejenigen Gefühle, welche als psychologische Motive der religiösen Handlungen zu gelten haben, sittlich sind oder nicht, kommt also schliesslich auf die Frage hinaus, ob das religiöse Leben der Naturvölker durch Furcht oder durch Ehrfurcht geregelt wird. Eine Antwort darauf ist natürlich unmöglich, solange keine Einigung darüber erzielt ist, was unter religiösen Vorstellungen zu verstehen sei; müssen wir doch jetzt zufügen, dass alle die religiösen Gebräuche, die uns vorher bei dem ersten orientierenden Ueberblick zu der Annahme führten, alles religiöse Leben der Naturvölker sei auf egoistische Hoffnung und Furcht gegründet, durchweg eigentlich nach Wundt ausserhalb der Grenze des Religiösen liegen. All jener Zauber- und Dämonenglaube, jener Fetischismus, der so unbegrenzt fast verbreitet scheint, er soll ein Element der primitiven Weltanschauung bilden, das mit der Religion nichts zu schaffen hat. Religiös sollen nur diejenigen Vorstellungen und Gefühle sein, die auf ein ideales, den Wünschen und Forderungen des menschlichen Gemütes vollkommen entsprechendes Dasein sich beziehen.

Nun hat uns Wundt aber selbst in klarster Weise den Weg gewiesen, auf dem wir eine Scheidung der religiösen und religiös indifferenten Elemente primitiver Weltanschauung vornehmen können, und jeden wird sein Nachweis überzeugen, dass, was gemeinhin Naturreligion heisst, vielerlei enthält, das mit der Religion kaum Berührungspunkte aufweist. Nur diejenigen Bestandteile der Weltanschauung sind religiös, die auch in der späteren Entwickelung, nachdem die Trennung in Wissenschaft, Religion u. s. w. eingetreten ist, eine bleibende religiöse Bedeutung bewahren. Halten wir an dieser Weisung fest, so dürfte doch vieles dafür sprechen, auch in jenem Fetischismus und Dämonenglauben schon primitive Religion anzuerkennen, denn der in diesem Vorstellungskreis herrschende Gedanke, dass es Wesen gäbe, welche das menschliche Schicksal beeinflussen, der entwickelt sich nirgends zu etwas anderem als zur Religion. Wir können getrost sagen, die Religion der Naturvölker ist vornehmlich der Glaube an schicksallenkende Wesen; erst langsam klären sich diese Vorstellungen und werden in Beziehung gesetzt zu den Wünschen und Hoffnungen des menschlichen Gemütes, und erlangen damit jenen Charakter, den Wundt ausschliesslich religiös nennt.

Damit ist denn aber zugleich auch der scheinbare Gegensatz bezüglich der entsprechenden Gefühle aufgehoben. Denjenigen Vorstellungen, die Wundt religiös nennt, entspricht thatsächlich das Gefühl der Ehrfurcht, jenen Vorstellungen des Dämonenglaubens u. s. w., denen wir, wenn wir zu den letzten Quellen zurückgehen wollen, den Wert des Religiösen nicht absprechen dürfen, korrespondiert dagegen lediglich Hoffnung und Furcht. Wie sehr die Unterscheidung dieser zwei Stadien den Thatsachen entspricht, ergibt schon die einfache Erwägung, dass Ehrfurcht unmöglich das Motiv für die Hervorbringung religiöser Vorstellungen gewesen sein kann. Während nämlich Furcht und Hoffnung, da sie an jede Handlung sich anknüpfen können, konstant auftreten, wo der Mensch thätig ist, mithin primär erscheinen und erst sekundär sich mit Vorstellungen umkleiden, kann es dagegen niemals Ehrfurchtsgefühle geben, die nicht sich von vornherein an bestimmte Wesen anlehnen; eine unbestimmte Ehrfurcht, die erst nach Vorstellungen sucht, ist eine psychologische Unmöglichkeit, denn Ehrfurcht ist ja eben die Scheu, ein bestimmtes Wesen nicht zu verletzen. In Bezug auf die religiöse Ehrfurcht wird mithin der Glaube an die göttlichen Wesen historisch dem religiösen Ehrfurchtsgefühl vorangehen müssen, während das einzelne, in den Glauben seiner Genossen hineingeborene Individuum späterhin selbstverständlich die fertigen Glaubensvorstellungen und die ehrfürchtige Scheu vor denselben schon als ein einheitliches Ganze in sich aufnimmt, von einer Priorität des einen Elementes also nicht mehr die Rede sein kann. Wenn aber Wundt für die Entstehung der in seinem Sinne religiösen Vorstellungen neben dem Ehrfurchtsgefühl hauptsächlich die der Menschheit gemeinsame Sehnsucht nach einem den Wünschen entsprechenden Dasein herbeizieht, so dürften dieselben sich wohl zunächst lediglich auf die Verbesserung des irdischen Daseins bezogen haben, die Uebertragung dieser Sehnsucht auf ein ideales Dasein dagegen schon eine relativ hohe Ausbildung der aus anderen Motiven entstandenen religiösen Vorstellungen erheischt haben. Der Glaube an schicksallenkende Mächte muss schon weit entwickelt sein, ehe er die Form annehmen kann, dass jene

Wesen nicht nur die Macht besitzen, nach ihrer Laune oder um ihres Vorteils willen dem Menschen zu schaden, oder, wenn der Mensch ihm Gutes erweist, zu nützen, sondern dass sie die Träger einer idealen Weltordnung oder selbst ideale Vorbilder sind. So kommt es denn, dass wir diese Anschauungen eigentlich nur von den Naturreligionen der Kulturvölker kennen, von den Naturvölkern dagegen lediglich auf Proben jenes ehrfurchtlosen Zauberglaubens angewiesen sind. Es ist ja wahr, dass wir die religiösen Vorstellungen der Naturvölker überhaupt nur mangelhaft kennen, aber das steht doch fest, dass, wenn wir Wundts Anschauung teilen, derzufolge solche ideale Religion Gemeingut der Menschheit sei, wir dann für die Naturvölker völlig auf hypothetische Konstruktion angewiesen sind, während Bruchstücke jener niedrigeren Religionsform uns von überallher empirisch übermittelt sind und überdies die eben beleuchteten Gründe dafür zu sprechen scheinen, dass solch hypothetische Konstruktion keine Rekonstruktion der Wirklichkeit sei. Wir können sagen, in den Naturreligionen der Inder, Griechen, Römer, auf die sich Wundt stützt, ist jene höhere Stufe der Religion schon erreicht, auf welcher der Glaube an schicksallenkende Mächte sich idealisiert hatte und von Ehrfurchtsgefühlen getragen wurde; der ursprüngliche Zustand aber ist, soweit die Erfahrung reicht, durchaus der, dass der Glaube an schicksallenkende Mächte in rohester Form das einzige religiöse Bewusstseinselement ist, und es kann sich nun nur fragen, ob diejenigen Motive sittlichen Wert haben, aus denen der Naturmensch auf diese seine Götter Rücksicht nimmt, und zweitens, ob diejenigen Motive sittlich wertvoll sind, aus denen der Glaube an dieselben entstanden ist.

Die beiden Fragen sind entschieden zu trennen, denn es könnte ja sehr wohl ein Glaube an lenkende Mächte aus sittlichen Motiven entstanden sein, dann aber, da die psychologische Entstehung dem Bewusstsein zu entgehen pflegt, der Einzelne sich jenen Mächten aus sittlich wertlosen Motiven untergeordnet haben; das wiederholt sich ja auf höheren Entwickelungsstufen in den verschiedensten Formen. Nun,

beide Fragen sind leicht beantwortet. Der primitive Mensch —
wir haben das im einzelnen schon verfolgt — behandelt seine
schicksallenkenden Mächte lediglich so, wie er am sichersten
hoffen darf, sie für seinen Nutzen günstig zu stimmen; er
macht ihnen Geschenke und Versprechungen, betrügt sie auch
gelegentlich, kurz Hoffnung und Furcht sind die einzigen
Motive, aus denen seine religiösen Handlungen hervorwachsen,
Motive, die das Tier genau so besitzt, und nicht mehr Sittlichkeit enthalten, als wie auch das Tier beweist, wenn es
sich vor Feinden fürchtet. Ehrfurcht kennt der Naturmensch
so wenig als das Tier. Entbehren somit die psychologischen Triebe, welche den
religiösen Kultus der Naturvölker rege erhalten, jeglichen
sittlichen Wertes, so gilt genau dasselbe von den Motiven,
die überhaupt zur Vorstellung schicksallenkender Mächte geführt haben, einer Vorstellung, die nur deshalb so überall
verbreitet ist, weil ihre Motive einerseits so zahlreich, andrerseits so naheliegend sind. Gleichviel, ob man mehr die
Träume oder den Tod, die Bewegungen der leblosen Dinge
oder die Misserfolge des eigenen Handelns als Vorstellungsantrieb sich wirksam denkt, jedenfalls sind es durchweg Assoziationen einfachster Art, die zur Vorstellung belebter Dinge
oder überlebender Seelen führten, welche dann durch roheste
Verknüpfung zur eigenen Freude und zum eignen Leid in
Verbindung gesetzt werden. Es sind Assoziationen, wie wir
sie in gewissem Sinn schon beim Tiere finden, und deren
durchweg unbeabsichtigte, vielmehr völlig passiv vom Einzelnen erlebte Verbindung niemand als sittliche Leistung bezeichnen wird. Dass etwa die Wahrnehmung scheinbar ursachloser Bewegung so eng mit der Vorstellung menschlicher
Willenshandlung verbunden war, dass ein bewegtes Ding selbst
als wollend vorgestellt wurde und der Glaube an die Willenskraft des Dinges wiederum den Wunsch assoziierte, jenen
Willen sich günstig zu stimmen, das kann unmöglich sittlich
sein. Vergegenwärtigen wir uns aber, wie alle jene Motive
zusammenwirkten, wie ihre Produkte sich stetig durchwebten
mit den aus Erklärungsbedürfnis entstandenen Vorstellungen

und wie jener gesamte Glaubensschatz durch Hoffnung und Furcht fortwährend dem Bewusstsein wach gehalten wurde, so kann uns die reiche Entwickelung jener Vorstellungen und ihre unvergleichliche Macht nicht wundern, wenn wir auch in den entsprechenden Motiven nicht den geringsten Keim subjektiver Sittlichkeit zu entdecken im stande sind. Die Motive, aus denen alle diejenigen Handlungen der Naturvölker entspringen, an welche wir sittlichen Massstab anlegen, sind aber damit noch nicht erschöpft; es bleibt uns noch ein nicht unwichtiges, das ästhetische Wohlgefallen, die Freude an gewissen Kraftäusserungen und ungewöhnlichen Leistungen. Dass es sich hier um ästhetische, lediglich auf den Effekt, nicht auf den Willen bezügliche Schätzung handelt, überzeugten wir uns schon vorher; wir sahen, dass die Tapferkeit genau so bewundert wird wie ein kräftiger Körperbau, in der Art der Beurteilung also nicht die geringste sittliche Funktion sich ausspricht. Es bliebe somit nur die Erwägung, welche Wundts bezügliche Bemerkungen nahe legen, ob es nicht sittlich sei, dass gerade diese, nicht jene Thätigkeit zur ästhetischen Freude Anlass giebt, dass die Tapferkeit, nicht die Feigheit, die Kraftfülle, nicht die Schwäche bewundert wird. Aber diese Frage hat mit der Ethik zunächst nicht mehr zu thun als die Frage, weshalb der Wilde das rhythmische Geräusch dem unrhythmischen vorzieht, weshalb er die bunte Farbe vor der eintönigen bevorzugt, weshalb er berauschende Säfte lieber trinkt als Wasser, weshalb ihm kräftige Bewegung mehr zusagt als Ruhe. Das sind alles lediglich Elemente der Aesthetik, die uns überall beweist, dass die ungewohnte, überraschende, erregende Empfindung mehr reizt als die matte, gleichförmige; eine Erscheinung, die unschwer auf physiologische Momente zurückführbar und überdies nicht Eigentümlichkeit des Menschen, sondern der höheren Tierreihe ist, für welche ähnliche Betrachtungen ja zu dem so weittragenden Prinzip der geschlechtlichen Zuchtwahl auf Grund ästhetischer Bevorzugung geführt haben. Der Anblick des Starken, Tapferen, Heldenhaften ist notwendig mit reflektorisch ausgelösten ungewohnten Mitspannungen in der eigenen Muskulatur assoziiert, und die Empfindung dieser gesteigerten Körperaktion erregt in angenehmer Weise das Bewusstsein. Von einer sittlichen Leistung darf da somit ebensowenig die Rede sein, wie wenn des Wilden Vorliebe für grellbunte Tücher und Branntwein auf sittliche Bestrebungen zurückgeführt werden sollte.

Unser Ueberblick über diejenigen Handlungen der Naturvölker, die uns die Anlegung eines sittlichen Massstabes ermöglichen, ist damit erledigt. Wir haben zuerst die äusseren Handlungen, die religiösen, die sozialen und die rechtlichen betrachtet und dann die ihnen zu Grunde liegenden Gefühlsmotive im einzelnen uns vergegenwärtigt; beide Betrachtungsweisen führten uns von allen Punkten zu demselben Ergebnis, dass von einer subjektiv sittlichen Leistung auf jener Handlungsstufe absolut nicht gesprochen werden kann, dass, wiewohl sich eine Menge von Handlungen vorfinden, die objektiv in ihrem äusseren Erfolg unseren sittlichen Zwecken dienen, dennoch die Kriterien dessen, was wir sittlich nennen, nämlich jene bestimmte subjektive Willensrichtung, jene nicht an den Erfolg, sondern an die Handlung selbst geknüpfte Gefühlsbetonung nirgends zu treffen sei, jene Völker also Sittlichkeit nicht besitzen.

Dass alle jene sittlich indifferenten Handlungen dennoch insofern nicht ohne Beziehung zur Sittlichkeit sind, als wir in ihnen die unentbehrlichen Vorstufen der Sittlichkeit zu erkennen haben, das wird unsere Betrachtung der sittlichen Entwickelung deutlich hervortreten lassen. Unsere Frage nach dem Ursprung der Sittlichkeit hat aber jedenfalls nach der wichtigsten Seite hin eine ausgeprägte Antwort gefunden, denn die Momente, aus denen im Lauf menschlicher Entwickelung die Sittlichkeit positiv entstand, sind uns nur sekundär neben der entscheidenden negativen Thatsache, dass den Naturvölkern die Sittlichkeit fehlt, sie also nicht ein Besitztum der gesamten Menschheit sein kann.

III.
Die Entwickelung der Sittlichkeit.

Wir stehen nunmehr vor der Aufgabe, die Wege wenigstens anzudeuten, wie aus dem sittlichkeitslosen Zustand die Sittlichkeit sich entwickeln konnte. Nur sei von vornherein festgestellt, dass diese Betrachtung, so nötig sie auch als Ergänzung der bisherigen Untersuchung sein mag, dennoch mit ihr nicht in solcher Wechselbeziehung steht, dass, wer die Berechtigung dieser bestreitet, auch jene aufgeben muss. Ueber die Mittel, durch welche die Sittlichkeit zustande kam und sich entwickelte, kann man ja streiten. Es ist sogar sehr möglich, diesen Streit dadurch aus der Welt zu schaffen, dass man ihn für müssig erklärt, weil wir eine absolut sichere, exakte Erkenntnis des Vorgangs doch nicht erlangen können, sondern auf hypothetische Rekonstruktionen und Wahrscheinlichkeitsgründe angewiesen sind. Und dennoch wird man auch auf diesem Standpunkt nicht folgern dürfen, dass deshalb, weil wir die Entstehung nicht historisch zu erkennen vermögen, eine Entstehung der Sittlichkeit innerhalb der menschlichen Entwickelung überhaupt nicht angenommen werden dürfe, die Sittlichkeit also mit dem Menschen zugleich entstand. Betrachten wir somit vorurteilslos, auf welche Wege uns die Thatsachen führen.

Dass die Sittlichkeit plötzlich aufgetreten sei, dass die sittliche Willensrichtung bei irgend einem Volke heut einsetzte, nachdem sie bis gestern fehlte, das ist natürlich eine unmögliche, unhistorische Vorstellung. Wir können somit lediglich uns die treibenden Kräfte, die vorwärts drängenden Momente vergegenwärtigen, welche den Uebergang langsam, unmerkbar eingeleitet und ermöglicht haben; wir werden selbst diese nicht völlig isolieren können, werden vielmehr von vornherein annehmen, dass bei so mannigfaltigen Willensmotiven auf der niedrigeren Stufe der Fortschritt zur höheren auch wieder auf einer Fülle sich ergänzender und wechselseitig sich verstärkender Einflüsse beruht haben wird, die historisch nicht zu trennen sind. Verdeutlichen wir uns zunächst den entscheidenden Punkt, den eigentlichen Gegensatz zwischen dem früheren und dem späteren Stadium. Was bedeutet rein psychologisch jener Uebergang aus der unethischen zur ethischen Periode des Volksbewusstseins?

Wir sahen im primitiven Zustand jede Willenshandlung aus der Berücksichtigung ihrer Folgen hervorgehn; gleichviel ob ruhige Ueberlegung, ob Neigungsgefühl, ob Furcht, ob Bewunderung Anlass bot, in jedem Falle war es Lust oder Unlust an der Vorstellung des Erfolges, was zum Ausführen oder Unterlassen der Handlung den Impuls gab. Für alle Sittlichkeit erschien es uns dagegen charakteristisch, dass das entscheidende Moment nicht von der Vorstellung des Handlungseffektes, sondern von der Vorstellung der Handlung selbst erregt wird, und zwar je nachdem die Handlung ihrer Maxime nach einem Gebot, respektive Verbot, entspricht oder widerspricht. Wo die Lust oder Unlust an einer Handlung, lediglich in Rücksicht darauf, wie sie sich zu Geboten und Verboten verhält, das Motiv zur Handlung ist, da sprechen wir von einer sittlichen Leistung, die, wie wir sahen, um so grösser ist, je mehr ihr die von der Vorstellung des Handlungserfolges angeregten Gefühle entgegenwirken.

Nun besitzen wir für diesen komplexen Vorgang, für diese spezifische Lust und Unlust an dem Verhältnis zwischen Handlungsmaxime einerseits und Gebot oder Verbot andrerseits eine zusammenfassende Bezeichnung; wir nennen diese Gefühle die Stimme unseres Gewissens. Diese bildliche Ausdrucksweise soll natürlich nicht sagen, dass unser Gewissen ein einheitliches kontinuierliches Ding sei, das unter gewissen Bedingungen sich bemerkbar macht, sondern diese Gefühlsäusserungen sind das einzige, was die Realität des Gewissens ausmacht. Dass immer wieder die Neigung hervortritt, dem Gewissen eine, die Gewissensregungen überdauernde, Realität zu sichern, hat vor allem darin seinen Grund, dass es uns nahe liegt, die Reflexionen, die wir an jene Gefühle anknüpfen, dem Gewissen als Motiv für seine Gefühlsäusserungen unterzuschieben. Wir würden diesen Fehler ebenfalls begehen, wenn wir nicht ausdrücklich hervorheben, dass unsere Auffassung, die Gewissensregung für ein Gefühl zu halten, welches die Uebereinstimmung zwischen Gebot und Handlungsmaxime beurteilt, weit entfernt ist, dabei ein bewusstes oder unbewusstes Schlussverfahren vorauszusetzen. Wenn solch Gefühl wirklich erheischen würde, dass ein abstraktes Gebot oder Verbot dem Bewusstsein gegenwärtig, die Maxime der beabsichtigten Handlung dann abstrahiert und in eine bestimmte Gebotskategorie eingeordnet werden müsste, und schliesslich ein Richterspruch über das Verhältnis von Gebot und Handlung gefällt werden müsste, damit endlich dieses Votum in Form von Gefühlen ins Bewusstsein träte, dann allerdings wäre ein mit Beschäftigung überlastetes, dauernd thätiges Gewissen nicht zu entbehren. Thatsächlich kommt das Resultat, das wir uns in der Reflexion freilich nur durch Sonderung seiner Voraussetzungen in Form logischen Schlussverfahrens verständlich machen können, sehr viel einfacher, auf dem Wege erfahrungsmässiger Assoziation zustande. Das Gebot oder Verbot wird in der abstrakten Form gelehrt, der Lernende aber setzt es in sich sofort in Vorstellung und Gefühl um; »du sollst nicht morden« wird vom Bewusstsein einfach so aufgenommen, dass mit der Vorstellung des Mordens Unlust verbunden wird.

Auch diese Verbindung ist lediglich Assoziation, da jene spezifischen Gefühle nur die Empfindungen von bestimmten, in die Herzgegend lokalisierten, mit Zirkulationsstörungen verbundenen Vorgängen in dem Blutgefässapparat und den Respirationsmuskeln sind. Lehrt doch die Psychiatrie, wie so häufig Gewissensregungen, d. h. eben diese nervösen Vorgänge, für sich allein bestehen ohne die geringste, das Gewissen beängstigende Vorstellung; erst nachträglich werden dann solche, aus den zufälligsten Anlässen, hinzuassoziiert. In jedem Falle also, wenn eine Handlung beabsichtigt wird oder vollzogen ist, deren Inhalt eine solche Vorstellung assoziiert, welche durch Verarbeitung eines Gebotes oder Verbotes mit Gefühlen verbunden ist, so wird diese Handlung nun selbst die betreffenden Gefühle auslösen, ein Vorgang, den wir erst bei nachträglicher Reflexion in jenes logische Schliessen und Beurteilen zerlegen. Die Vorstellung fremder Lebensrettung ist für uns durch Einübung des erlernten entsprechenden Gebotes mit Lust verbunden, die Vorstellung ihrer Unterlassung mit Unlust; im einzelnen Fall wird daher die Vorstellung der beabsichtigten rettenden That sofort die Seele mit Lust erfüllen, und diese Lust wird den Impuls zur Handlung geben, die um so sittlicher ist, je mehr Unlust dabei mit der Vorstellung von den nachteiligen Folgen der That verbunden ist; würde dagegen die Lust an dem Erfolg der Lebensrettung, etwa die Neigung zu dem Bedrohten oder die Hoffnung auf Belohnung das einzige Motiv der That gewesen sein, so wäre die Handlung sittlich indifferent.

Wir sahen also das Entscheidende darin, dass die Handlung selbst, nicht der Handlungserfolg das den Impuls gebende Gefühl auslösen muss; wir sahen andrerseits, dass, wenn eine Handlung, unabhängig von ihrem Erfolge, Gefühlswert besitzen soll, die Verbindung zwischen ihrer Vorstellung und dem entsprechenden Gefühl durch Erlernung von Geboten und Verboten eingeübt sein muss, und kommen somit zu dem Ergebnis, dass die Voraussetzung für die Entstehung der Sittlichkeit das Erlernen von Handlungsgeboten ist. Die Frage nach dem Uebergang aus dem primitiven sittlichkeitslosen Zustand in den von Sittlichkeit erfüllten verwandelt sich somit in die Frage: wie und wann kam es, dass inmitten eines Zustandes, in welchem jede Handlung aus der Erwägung ihrer nützlichen und schädlichen Folgen geschah, allmählich in das Bewusstsein der Menschen Gebote eindrangen, welche gewisse Handlungen verlangten, andere verboten, ohne dass auf ihre Folgen Rücksicht genommen werden sollte? Wer hat diese Gebote erteilen können? Wie sind die Gebote selbst entstanden? Dieser Punkt kann nicht hell genug erleuchtet werden. Herrscht doch in der Ethik stets die Neigung vor, das Entstehen imperativer Motive aus Zwang, aus dauernder Befriedigung, aus ästhetischer Bewunderung zu erklären. Wir müssen im Gegensatz dazu daran festhalten, dass, solange ein Motiv lediglich den Charakter eines Zwanggebotes hat, solange es lautet: Wenn du dieses nicht thust, so wirst du bestraft, oder wenn du dieses thust, so wirst du davon dauernden Nutzen haben, dass dieses Motiv dann nicht den Charakter eines sittlichen Imperatives besitzt, diesen vielmehr erst dann gewinnt, wenn es lautet: du sollst dieses thun und jenes nicht thun, ohne Furcht, ohne Hoffnung, nur weil es so geboten ist. Wie konnten also in diesem engeren Sinne imperative Motive entstehn? Wie konnten die Vorstellungen gewisser Handlungen sich mit Lust oder Unlust verbinden, unabhängig, ja meist entgegengesetzt denjenigen Gefühlen, welche von der Vorstellung des Handlungserfolges ausgelöst werden?

Jene beiden Beurteilungsformen in ihrer extremsten Ausbildung repräsentieren geradezu Gegensätze, die, wenn sie in der historischen Entwickelung wirklich unmittelbar aufeinander gefolgt wären, den Schein eines sprunghaften Fortschrittes erwecken würden, eines Fortschrittes, der im Sinn einer allmählichen Umbildung kaum erklärbar schiene. Wer heute eine Handlung ausführt, weil ihre Folgen angenehm sind, hat keine Veranlassung, morgen plötzlich dieselbe Handlung, trotz ihrer angenehmen Folgen um ihrer selbst willen zu verabscheuen. Nun lehrt uns aber schon die individuelle Entwickelung, die ja so oft uns nützliche Fingerzeige für die Rekonstruktion der Stammesentwickelung zu geben vermag, dass solch ein Uebergang nicht nur nicht sprunghaft ist, sondern die verschiedensten Zwischenstufen aufweist. Jedes Kind steht ja zunächst auf jener primitiven Stufe, in der es nur das thut, was ihm Behagen verschafft, nur das scheut, dessen Folgen ihm unangenehm sind; jeder pflichtbewusste Charakter steht dagegen auf der Höhe jener Sittlichkeit, die jene Handlungen bevorzugt, andere verabscheut lediglich in Rücksicht auf das Gebotensein oder Verbotensein der Handlung selbst, aus der Lust oder Unlust an der Handlung, ohne hinüberzuschielen nach den Folgen. Hier können wir den Uebergang verfolgen, jeder hat ihn selbst erlebt.

Aus sich selbst heraus hat ihn kein einziger errungen. Wer sozusagen wild aufwächst und ohne sittliche Erziehung gross wird, der kann im praktischen Leben sich genaue Kenntnis von dem erwerben, was nützlich und was schädlich ist; die Erfahrung wird ihn sogar früh belehren, manches zu thun, was nicht unmittelbar nützlich ist, aber dafür langwährende Befriedigung verspricht; dass er jedoch etwas wollen soll, das weder jetzt noch später ihm nützlich oder angenehm ist, dass er etwas verabscheuen soll, das nur Behagen verspricht, das kann er aus keiner Erfahrung schöpfen, das bleibt ihm unverständlich. Unser sittlicher Besitz ist mithin nicht aus eigener Kraft erworben, sondern geerbt von der älteren Generation; in tausendfacher Form sind die Lehren, die Gebote und Verbote uns eingeprägt, und keiner hat, was er soll und was er nicht darf, sich ausdenken können. Aber wären uns nur theoretische Regeln mitgeteilt, hätten wir die Gebote nur als Ratschläge erhalten, so wären sie nimmermehr im stande gewesen, jene tiefsten aller Gefühle zu erzeugen; sie hätten niemals dem Einzelnen jenen sittlichen Schutzwall im Kampf des Lebens so ehern fest, so widerstandsfähig gegen Neigungen und Verlockungen zu fügen vermocht. Von Grund aus mussten jene Regeln vielmehr sich mit Gefühlen verbinden; sie mussten nicht nur lernbare Mitteilungen sein, die in den Erkenntnisinhalt des Heranwachsenden eingeordnet werden, sondern sie mussten unmittelbar sich an die Affekte, an die Vorstellung von Wohl und Wehe des Einzelnen sich wenden.

Thatsächlich sehen wir denn auch alle diejenigen Faktoren, denen die erzieherische Beeinflussung der sich entwickelnden Seelen obliegt, in mehr oder weniger bewusster pädagogischer Absicht sich eines einfachen Hilfsmittels bedienen;

das Gebot wird mit einem nützlichen oder schädlichen Erfolg verknüpft, derart, dass die Hoffnung auf den Nutzen oder die Furcht vor dem Schaden das ausschlaggebende Gefühl wird. Dass das Kind die Hand nicht in die Kerzenflamme strecken soll, bedarf nicht erst einer pädagogischen Verknüpfung von Gebot und gefühlerregenden Vorstellungen; die schädliche Folge tritt ohne weiteres ein und das gebrannte Kind scheut das Feuer. Dass das Kind die Lüge scheuen soll, bedarf dagegen entschieden solcher Verknüpfung; erst wenn das Kind gelernt hat, dass, wenn es lügt, es von den Eltern oder vom lieben Gott, der alles sieht und weiss, bestraft wird, erst dann hat auch dieses Gebot Gefühlswert gewonnen, und der eingeprägte Zusammenhang zwischen Lüge und Unlust wird nicht weniger fest werden, als zwischen Feuer und Unlust. Es ist bekannt, wie auf diese Weise den Kindern jedes Gebot und Verbot, sittliche und sittlich wertlose, selbst unsinnige und abergläubische leicht beigebracht werden können; die Unfähigkeit, die wirklichen Folgen und den wahren Kausalzusammenhang zu überblicken, ermöglicht es eben, dass jeder künstlich konstruierte Zusammenhang naiv für wahr gehalten wird.

Würde nun die Lust und Unlust mit dem Gebot nur dadurch verbunden bleiben, dass das Gebot mit fingierten Folgen assoziiert wird, die ihrerseits das Gefühl anregen, so hätte zweifellos das ganze Hilfsmittel nur sehr vorübergehenden Wert; würde doch der beabsichtigte Effekt des Gefühles dann sofort aussetzen, sobald die assoziierte Vorstellung nicht erregt wird, und diese müsste doch jedenfalls erregt zu werden aufhören, sobald die Fiktion erkannt ist. Sobald das Kind durchschaut, dass zwischen der Lüge und den väterlichen Prügeln kein innerer Zusammenhang stattfindet, sobald seine Ideen von der Allgegenwart des belohnenden und strafenden Gottes die Kinderstubenform abgestreift und geklärteren religiösen Vorstellungen gewichen sind, so würden jene pädagogischen Hilfsmittel zu wirken aufgehört haben, wenn nicht inzwischen sich eine wichtige und unvergleichlich wertvolle neue Verkoppelung von Vorstellung und Gefühl herausgebildet hätte. Das Gefühl nämlich, das zu der Vorstellung des

Folgesatzes gehörte, hat sich durch die Einprägung und Uebung allmählich auch mit der Vorstellung des Bedingungssatzes verbunden; die fürchtende Unlust, welche den Prügeln galt, ist jetzt auch von der Lüge untrennbar geworden, indem die Vorstellung der Züchtigung gewissermassen übersprungen wird. Das Zwischenglied fällt so langsam aus, es war nur zur Verbindung von Gebot und Gefühl notwendig; sobald es verschwindet, weil es in seiner Unberechtigung durchschaut wird, dann ist auch schon die Zeit gekommen, wo es ausfallen kann, weil es überflüssig geworden ist. Das Kind lernt etwas zu thun oder zu scheuen also dadurch, dass es die geglaubten Folgen erhofft oder fürchtet, und thut es später, wo es im Gegenteil einsieht, dass das Gebotene auch unangenehme Folgen, das Verbotene angenehme Folgen haben kann, trotzdem jenem erlernten Gebot gemäss, weil es jetzt seine stärksten Gefühle nicht mit den Folgen, sondern mit der gebotenen Handlung selbst verbindet; der erste Zustand ist sittlich wertlos, der zweite repräsentiert die Sittlichkeit.

Dasselbe wiederholt sich ja auch im späteren Leben, in den verschiedenen Berufskreisen. Jeder Stand und Beruf hat neben dem allgemein Moralischen, das sich immer von selbst versteht, noch seine Spezialmoral, die der Einzelne, der in den Beruf eintritt, erst langsam erlernen muss, und er erlernt sie, weil jede Uebertretung jener Gebote bestraft wird oder mit Missachtung vergolten wird oder durch mangelnden Erfolg sich rächt; was aber so zuerst aus Furcht vor Strafe oder Verachtung gescheut wird, das verbindet sich nun allmählich so eng mit dem Unlustgefühl, dass es auch ohne Rücksicht auf die übeln Folgen um seiner selbst willen gemieden wird und schliesslich auch dann noch unterlassen wird, wenn es im Einzelfalle nützliche Folgen zu haben scheint. Solange es aus Furcht unterblieb, war von sittlicher Leistung dabei keine Rede; sobald die Einübung aber vollendet war, sobald es um seiner selbst willen als Verbot geehrt ward, so war damit in der That ein neuer Kreis subjektiver Sittlichkeit erschlossen.

Ebenso wie in der Entwickelung des Einzelnen noch heute, wird sich der Prozess der Erziehung zur Sittlichkeit in der

Entwickelungsgeschichte der gesamten Menschheit abgespielt haben. Ueberall da wird die Sittlichkeit entstanden sein, wo einzelne einflussreiche Männer weiteren Kreisen Gebote und Verbote zu erlassen vermochten und ihre Ausführung dadurch erwirkten, dass sie dieselben mit dem Wohl und Wehe des Handelnden verknüpften. Wenn allmählich dann diese gefühlerregende Zwischenvorstellung ausfiel, dann blieben die Gebote und Verbote selbst so eng mit den Lust- und Unlustaffekten verbunden, dass sie dem freien Handeln stetig die Richtung bestimmten, dass der Einzelne sich von den innersten Gefühlen gedrängt sah, mit den Geboten in Uebereinstimmung zu handeln, die Handlungen also um ihrer selbst willen, nur weil sie geboten sind, ohne Rücksicht auf die Folgen, ja von gefürchteten Folgen unbeirrt, auszuführen, d. h. sittlich zu handeln. Es liegt nahe, dass diese gefühlanregenden Zwischenvorstellungen in erster Linie Bedrohungen und Versprechungen seitens machthabender Persönlichkeiten gewesen sein werden; aber wenn wir bedenken, dass menschliche Belohnungen und Bestrafungen unmittelbar der That zu folgen pflegen, so wird es wahrscheinlich, dass sie nur selten bei der Einübung dem Bewusstsein ganz entschwunden sein werden, nur selten die mit Strafe bedrohte That ohne Rücksicht auf die Strafe gemieden wurde, dass somit diese Gebote im allgemeinen im Bewusstsein der Menge auf der sittlich indifferenten Stufe werden stehen geblieben sein, der Schwerpunkt für die Ausbildung der Sittlichkeit vielmehr in den religiösen Vorstellungen gelegen haben wird. Die Belohnungen und Bestrafungen der göttlichen Mächte, vorausgesetzt, dass der subjektive Ursprung der Gottesvorstellung dem Bewusstsein entzogen ist, sind in der That offenbar die denkbar wertvollsten Hilfsmittel für die Einübung von Geboten und ihre Umwandlung in sittliche Maximen.

Das soll selbstverständlich nicht dem alten Irrtum Vorschub leisten, als hätten jene ersten Religionsvertreter ihre Gebote mit den Vorstellungen von Lohn und Strafe der Götter aus pädagogischen Absichten verknüpft, vielleicht gar mit dem Bewusstsein der Fiktion; im Gegenteil, der völlig naive Glaube ist die notwendige Vorbedingung ihrer historischen Wirksamkeit. Nach zwei Richtungen hat das religiöse Gebot, d. h. das Gebot mit Versprechung oder Bedrohung im Namen der das Schicksal beeinflussenden Mächte erheblich bedeutendere Disposition zur Hervorbringung des Sittlichen als jedes Gebot, das nur an empirische Faktoren anknüpft. Einmal ist das Eintreten des erhofften oder gefürchteten Erfolges bei den religiös gebotenen oder verbotenen Handlungen in einen völlig unübersehbaren, völlig übermenschlichen Kausalnexus verlegt; ein Abwenden der angedrohten Folgen, trotz Missachtung des Verbotes, oder ein Zuwenden der gewünschten Wirkungen, trotz Vernachlässigung des Gebotes, das ist hier also von vornherein ausgeschlossen. Vor Menschenaugen kann eine That verborgen werden, dann wird sie auch nicht bestraft; wie die Götter das menschliche Thun wahrnehmen, ist dem Einzelnen unfassbar, rätselhaft; solange aber die göttliche Beaufsichtigung nicht sinnlich verständlich ist, so lange kann auch kein Ausweg gefunden werden, sich dieser Beaufsichtigung zu entziehen. Den Schicksalsmächten kann somit im allgemeinen nichts verborgen werden; wir können sagen, in diesem Sinne gilt schon auf niederer Stufe das soziale Gebot nur hypothetisch, die Strafen treten nur ein, wenn die machthabenden Personen es wahrnehmen; die religiösen Gebote aber gelten kategorisch, denn in jedem Falle wird der Erfolg eintreten. Die sozialen Gebote werden somit unter diesen Bedingungen erfüllt werden, unter jenen nicht; die fortwährend notwendige Erwägung dieser Bedingungen wird es zu einer festen unmittelbaren Verbindung von Gebot und Willensrichtung, von Verbot und Abneigung also kaum kommen lassen, zumal eben jede heimliche Uebertretung des Gesetzes gerade die entgegengesetzte Verbindung einprägt und einübt. Die göttlichen Gebote gelten dagegen so ausnahmslos, dass sehr rasch jene direkte Verschmelzung von Gebot und Gefühl das Einzelbewusstsein beherrschen wird auch ohne die Zwischenvorstellung der göttlichen Allgegenwart und göttlichen Einwirkung. Wichtiger noch ist ein zweites Moment der religiösen Gebote. Während jede soziale Autorität Lohn und

Strafe unmittelbar nach der That erfolgen lässt, so lohnen und strafen die Götter durchaus nicht sofort; richtiger, da die gefürchtete Strafe und der erhoffte Lohn zunächst meist ausbleibt und an ihr Eintreffen dennoch geglaubt wird, so entsteht die Vorstellung, dass jene Wirkung erst nach langer Zeit eintreten wird, bis auf einer höheren Stufe Lohn und Strafe schliesslich in die postmortale Zeit verlegt wird. Dadurch wird der Blick immer mehr von den Folgen, um derenwillen ursprünglich die Handlung geschah, allmählich abgelenkt; das Ausbleiben derselben erschüttert nicht, wie bei den sozialen, den Glauben an das Gebot, da der Erfolg ja später noch immer eintreten kann; jedes Ereignis dagegen, das zufällig im Sinne des erwarteten göttlichen Einflusses sich bewegt, vermag die Hingabe an das Gebot zu verstärken, und so wird schliesslich Gebot und Verbot befolgt, ohne auf die fernliegenden Wirkungen hinüberzuschielen; es wird befolgt, weil es eben geboten ist. Wir können somit wohl annehmen, dass unter den Hilfsmitteln, durch die der Mensch zur Sittlichkeit gelangte, denjenigen Geboten, welche an den Einfluss der Schicksalsmächte anknüpften, die weit überragende Stelle zukam, dass aber neben diesen religiösen Geboten die sozialen, die staatlichen und gesellschaftlichen Gebote in sekundärer Weise in derselben Richtung wirksam waren. Nur daran müssen wir festhalten, dass, solange der Mensch jene Gebote erfüllt aus Rücksicht auf die Folgen, sei es aus Furcht vor staatlicher Strafe oder vor gesellschaftlicher Missachtung, oder vor göttlicher Verdammnis, sei es aus Hoffnung auf Auszeichnung oder himmlischen Lohn, so lange von einer subjektiv sittlichen Leistung nicht die Rede ist. Diese setzt vielmehr dann erst ein, sobald jene einübende Hilfsvorstellung dem Bewusstsein entschwunden, das Gefühl der Zustimmung oder Abneigung unmittelbar also an die Handlungsmaxime gebunden ist.

Doch damit ist erst die eine Seite des Problems gestreift, die andere ist unberührt geblieben; wir verstehen wohl, wie die Sittlichkeit entstehen konnte, sobald religiöse und soziale Gebote von einflussreichen Personen erlassen wurden, wir wissen aber noch nicht, wie eben jene Gebote zustande kommen. Wie kommt es, dass gebietende Gestalten mit Geboten und Verboten in die Entwickelung der Stämme eingreifen? Nachdem wir uns vergegenwärtigt, wie unter dem Einfluss von Geboten die Sittlichkeit entsteht, müssen wir weiter fragen, wie solche Gebote entstehen. Wir können vielleicht wieder Hinweise finden, wenn wir noch einmal die Aufmerksamkeit denjenigen Vorschriften zuwenden, mit denen man uns selber erzogen hat. Wie sind die Gebote entstanden, unter deren Einfluss wir selbst das Gute und das Schlechte zu scheiden lernten? Es zeigt sich sofort, dass wir zwei ganz verschiedene Gruppen dabei trennen müssen. Die eine Gruppe umfasst lediglich Zweckmässigkeitsmassregeln; wo das Kind noch nicht im stande ist, die Folgen der Handlung zu übersehen, da muss der Erzieher die Handlungen einfach befehlen oder verbieten. Dass es die Hand nicht in die Lichtflamme halten soll, darf nicht erst besonders verboten werden, denn der Versuch schmerzt ohne weiteres; dass es aber diesen Schmerz auch leicht sich zuziehen kann, wenn es nur mit dem brennenden Lichte spielt, das sieht ein Kind nicht ein. Das Spielen mit dem Licht macht ihm Vergnügen, die daraus folgende Unlust erkennt es nicht; wenn der Erwachsene trotzdem es erreichen will, dass das Kind jenes gefahrvolle Spiel vermeidet, so muss er, dem Geist des Kindes unmittelbar verständlich, an die That eine Folge knüpfen, deren Unlust grösser als die Lust des Spieles, nämlich mit Strafe drohen. So entsteht durch den weiteren Ueberblick des Erziehers eine Fülle von Geboten, in die das Kind hineinwächst.

Sind dieses die einzigen Gebote? Sind diese Gebote überhaupt der individuelle Ausgangspunkt für das Sittlichkeitsgefühl? Keineswegs. Die Gebote werden im ersten Stadium ausgeführt aus Furcht vor Strafe, und kaum ist dann das zweite, sittliche Stadium erreicht, wo sie um ihrer selbst willen befolgt werden, da beginnt auch schon der Intellekt den Zusammenhang der wahren Folgen zu übersehen, das heranwachsende Individuum scheut dann die Handlung nicht, weil sie verboten ist, sondern aus denselben Zweckmässigkeitsgründen, aus denen der Erzieher sie verbot; aus der sittlichen ist dann eine Nützlichkeitshandlung geworden. Solche Erziehungsmassregeln, die also nur aus dem weiteren Ueberblick des Aelteren entstehen, können zur Sittlichkeit mithin nicht führen. Wäre dieses nicht so, dann wäre es ja am einfachsten, anzunehmen, auf eben diesem Wege hätte sich die Sittlichkeit überhaupt entwickelt, denn Eltern, welche weiter sahen als ihre Kinder und diese im Sinne ihres weiteren Ueberblickes über die Folgen unterwiesen und die Ueberschreitung des Gebotes mit Strafe bedrohten, hat es zu allen Zeiten gegeben. Unsere Behauptung, dass die niedere Stufe ohne Sittlichkeit dahinlebt, wäre also falsch, wenn auf diesem Wege Sittlichkeit entstehen könnte; dann hätte ja sozusagen das erste Elternpaar seinen Kindern schon Sittlichkeit einprägen müssen. Zweifellos hatten Gebote und Verbote dieser Art so wie heute so zu allen Zeiten die Entwickelung der Kinder beeinflusst; zur Sittlichkeit konnten sie aber so wie heute, so in allen, auch in den frühesten Zeiten, nicht führen, weil jene Gebote nichts enthielten, das nicht, sobald die erste Kinderzeit überwunden, sich in einen Hinweis auf nützliche oder schädliche Folgen verwandelt, die jeder einzelne aus eigener Klugheit berücksichtigt, ohne sich dann noch weiter an das Gebot zu kehren, ohne also die Handlung um ihrer selbst willen zu berücksichtigen.

Wenn mithin alle die Gebote, welche sich für den einzelnen als einfache Nützlichkeitsgebote später erweisen, auch für uns heute, wie auf früherer Kulturstufe sittlich indifferent sind, so ergibt sich, dass unsere sittlichen Gefühle sich an solche Gebote anlehnen, die uns auch im späteren Leben nur durch ihren Gebotcharakter, nicht durch Berücksichtigung der Folgen zum Handeln treiben. Dass ich nicht mit Messer, Schere und Licht spielen soll, ist mir von den, meine Kindheit behütenden, Autoritätspersonen vermutlich nicht wesentlich anders eingeprägt worden, als jenes andere Gebot, dass ich nicht lügen soll. Das erstere hat sich mir längst in eine Nützlichkeitsmassregel umgewandelt, ist sittlich also gleichgültig; das letztere dagegen ist mir heute noch als Gebot heilig. Das erstere wurde mir geboten, weil ich den schädlichen Erfolg nicht selbst übersehen konnte; aus demselben

Grunde würde ich es heute andere lehren. Das zweite aber wurde mir geboten, nicht weil meine Eltern und Erzieher die schädlichen Folgen erkannten, sondern weil es ihnen selbst als Gebot die Seele erfüllte, und nur weil es mir Gebot ist, würde ich es die jüngere Generation lehren. Der älteren Generation war es Gebot, weil auch sie es erlernt hatte, und so geht es rückwärts, ein scheinbar unbegrenzter Regress, von Geschlecht zu Geschlecht. Aus der Art, wie wir solche Gebote erlernen, können wir also keine Antwort darauf erhalten, wie jene Gebote entstanden sind, denn für uns ist der Besitz der Gebote seitens der erziehenden Faktoren die stillschweigende Voraussetzung. Statt einer Antwort erhalten wir aber aus dieser Betrachtung eine präzisere Fassung der Frage. Wir müssen nämlich fragen: wie kam es zum erstenmal, dass solche Gebote erteilt wurden, die sich für den Empfänger niemals in Nützlichkeitsmassregeln umwandelten, sondern stetig ihren Gebotcharakter beibehielten?

Solange die Völker atomistisch zerstreut, in Einzelfamilien zersplittert leben ohne festeren sozialen Zusammenhang, ohne Arbeitsteilung, ohne Differenzierung, solange kann davon offenbar nicht die Rede sein. Jeder thut das, was ihm nützlich ist; die Lehren, die jeder von den Familienhäuptern empfängt, erkennt er heranwachsend ebenfalls als Nützlichkeitsregeln, und selbst den Göttern, an die er glaubt, gibt er so viel nur, als er Gegengabe erwarten zu können meint; nur in dieser Form auch überliefert jeder seine religiösen Anschauungen seinen Nachkommen. Ganz anders muss das werden, sobald die sich herausbildende Komplizierung der Lebensverhältnisse zu sozialer Differenzierung führt. Heben wir die für uns wichtigste Seite der Differenzierung hervor: der Verkehr des Menschen mit den schicksallenkenden Mächten gelangt durch volkswirtschaftliche Arbeitsteilung in die Hände weniger. Dem einzelnen ist damit die Erwägung entzogen, wie er die Götter günstig beeinflussen kann; das Gebot des Priesters lehrt die Wege, göttliche Hilfe, göttlichen Segen zu erlangen, göttliche Strafe zu vermeiden. Der Priester denkt sich da nichts Neues aus die Traditionen sind ja schon längst, freilich ohne sittlichen

Wert, aufs genaueste ausgebildet; der Priester ist nur der Mund des Volkes gegenüber der Gottheit. Und dennoch von jenem Stadium an, da jene Erwägung vom Volk auf den Priester übergeht, da ist der innere Zusammenhang zwischen der menschlichen Einzelthat und der einzelnen Gottesreaktion für das Bewusstsein der Menge zunächst in den Hintergrund getreten, dann verdunkelt, schliesslich verschwunden; die That wird ausgeführt, wie die Priester sie lehren, eben weil sie Gebot der Götter ist, und damit ist die Bedingung für jene Entwickelung zum sittlichen Handeln gegeben, die völlig fehlt, solange der einzelne sich jenes Entstehungszusammenhanges zwischen That und göttlichem Lohn im Einzelfalle bewusst bleibt. Nun aber ist das Gebot der Priester nicht auf den Kultus der Götter beschränkt; die Götter werden zu Beschützern derjenigen sozialen Institutionen, die sich aus jenen anderen, sittlich wertlosen Motiven herausgebildet hatten. Was ursprünglich etwa aus Neigungsgefühl oder ästhetischer Bewunderung oder Schmerzgefühl entsprang, das hat sich in objektiven Institutionen verkörpert, die nun als Altgewohntes unter den Schutz der Götter treten; ihre Fortführung wird dadurch zum Gebot, dem der einzelne sich unterordnen muss, wenn auch seine persönliche Neigung etwa den [Neigungsgefühlen der Mehrheit widerstrebt, ja selbst wenn etwa durch Veränderung oder Komplikation der Existenzbedingungen jene ursprünglich die Institution erzeugenden Gefühle anderen Platz gemacht haben. Kurz der gesamte Kreis von Handlungsformen, den wir auf der niedersten Stufe als sittlich wertlos in seinen Motiven erkannten, kann und muss bei steigender sozialer Differenzierung, hauptsächlich durch die Vermittelung [priesterlicher Gebote, sich in eine Fülle sittlicher Gebote und Verbote umwandeln, in Handlungen, die ohne Rücksicht auf den Erfolg, um ihrer selbst willen ausgeübt werden.

Sind einmal erst die objektiven Gebräuche und Glaubensformen in diese Gebot- und Verbotgestaltung gebracht und von den Priestern der Menge eingeprägt, so sind damit genau dieselben Bedingungen gegeben, wie sie unser heutiges sittliches Leben beherrschen, denn jeder einzelne kann nun seine Kinder Gebote lehren, die nicht aus dem weiteren Ueberblick über die Folgen stammen, sich also auch nicht später in blosse Nützlichkeitsmaximen umwandeln, sondern die er lehrt, weil sie ihm selbst Gebote sind, und die dem Lernenden sein Leben lang nichts als Gebote bleiben. Da aber die Quelle dieser Gebotbildung, die Priesterlehre, nicht versiegt, vielmehr immer reichlicher fliessen wird, stets in Zusammenhang mit dem Glauben und Hoffen, den Gefühlen und Gebräuchen der Menge, so wird die Reihe der Gebote auch niemals plötzlich abgeschlossen sein, sondern in lebendiger Wechselwirkung die Entstehung neuer oder veränderter Gebote aus Priestermund einerseits und die Fortpflanzung der Gebote von Geschlecht zu Geschlecht durch die Erziehungsmittel der Menge andrerseits zu immer reicheren, nie erstarrenden Formen des sittlichen Lebens geführt haben. Auch kommt jener zentrale Einfluss nicht den Religionsvertretern allein zu; der Stammeslenker, das Staatsoberhaupt, hat, sobald die entsprechende soziale Differenzierung erreicht ist, ja ebenfalls die Machtmittel, um das Althergebrachte, Angestammte, das den Gefühlen der Mehrheit entwuchs, als Gebot festzuhalten, um es dem einzelnen, dessen Neigungen abweichen, aufzuzwingen; auch sein Gebot kann so schliesslich den variierenden Neigungen der Menge gegenüber die feste Richtung der Tradition wahren, kann mit den religiösen Faktoren in Wechselbeziehung treten, kurz kann das, was sich zuerst sittlich wertlos in freier Gestaltung herausgebildet hatte, in die Form der Gebote überführen und dieselben mit genügendem Nachdruck verteidigen, um sie der Menge so einzuüben, dass sie um ihrer selbst willen, d. h. aus sittlichen Motiven, schliesslich befolgt werden. Nur erkannten wir früher schon, weshalb die religiösen Einübungen soviel nachhaltiger sein mussten als die staatlichen.

Von einem wirklichen Verfolgen der einzelnen Faktoren dieses Ueberganges kann in diesem engen Rahmen natürlich nicht die Rede sein; nur auf das eine kommt es an, dass alle Sittlichkeit erst auf einer Stufe höherer Differenzierung beginnen kann, auf einer Stufe, in der die Einzelpersönlichkeit, vornehmlich der Priester, gebotgebend der Menge gegenübertritt, dass jene Einzelpersonen aber diese Gebote nicht sich ausdenken, nicht als Erziehungs- oder Zwangsmassregeln aus sich selber schöpfen, sondern ihre Gebote lediglich aus allen denjenigen Institutionen entnehmen, die sich in dem vorsittlichen Stadium aus sittlich wertlosen Motiven, vornehmlich Neigung, Furcht, Entzücken, herausgebildet hatten. Jenes vorsittliche Stadium ist also nicht ein zufälliger Lückenbüsser für die Zeit, bis der Menschheit die Sittlichkeit aufgeht, sondern ohne jenes frühere Stadium hätte die Sittlichkeit nie entstehen können; der Glaube und die sozialen Institutionen mussten gefestigt sein, ehe die erste sittliche That, die erste Handlung um der Handlung selbst willen, ohne Rücksicht auf den Erfolg, in einer Menschenseele entstehen konnte.

Nur eines bleibt uns noch übrig; es ist das wichtigste. Wir müssen die Konsequenzen des gewonnenen Standpunktes rückhaltlos und, um der Theorie willen, ohne praktische Bedenken ziehen, nicht ohne die Hoffnung, dass von ihnen aus neues Licht auf den Ursprung der Sittlichkeit zurückfallen wird. Wir müssen uns vergegenwärtigen, wie unter diesem Gesichtspunkt der Gang der sittlichen Entwickelung, die Bedeutung unserer eigenen Sittlichkeit, die Uebereinstimmung der sittlichen Anschauungen, die Zukunft des sittlichen Lebens sich darstellt.

Eine Konsequenz ergibt sich ohne weiteres: wenn die Sittlichkeit darin besteht, die erlernten Gebote zu erfüllen, so kann es objektive Leistungen von absolut sittlichem Wert nicht geben; die Sittlichkeit muss inhaltlich eine andere sein, wenn die Gebote einen anderen Inhalt haben. Ein System von Vorschriften, wie gehandelt werden soll, kann somit immer nur den relativen Wert haben, den Inhalt der für die bestimmte Zeit und den bestimmten Kulturkreis thatsächlich bestehenden Gebote in logischen Zusammenhang zu bringen und bis in die äussersten Folgesätze zu entwickeln. Nicht mehr gaben die ethischen Philosophen aller Zeiten; und wenn unsere Periode sich rühmt, in der Gattungsnützlichkeit oder in der Vervollkommnung der Menschheit den festen Punkt gefunden zu haben, zu welchem die sittlichen Gebote unserer Zeit und unserer Kultursphäre konvergieren und aus dem sie deduktiv somit ableiten kann, was der einzelne thun soll, um sittlich zu handeln, so darf thatsächlich eine systematische Entwickelung dieser Gebote, solange der Ausgangspunkt eben nur durch Abstraktion aus sittlichen Geboten gewonnen ist, auch nur jenen relativen Wert beanspruchen, darf aber durchaus nicht durch eine stillschweigende Verallgemeinerung unserer Gebote zu einem Kodex der absoluten Sittlichkeit erhoben werden.

Es spricht für diese unsere Auffassung nun freilich die unzweifelhafte Thatsache, dass die sittlichen Anschauungen, auch dort, wo wirklich subjektive Sittlichkeit ausgebildet ist, in hohem Masse verschieden sind. Zwischen den sittlichen Vorstellungen der Inder, der alten Griechen, der mittelalterlichen Mönche und denen unserer Zeit sind tiefgehende Unterschiede; ja selbst im engeren zeitlichen und örtlichen Kreise sehen wir bei verschiedenen Berufen und Ständen mannigfaltige Differenzen. Die Tugenden, welche dem Soldaten nötig, hat der Gelehrte zu vermeiden, und umgekehrt; Gehorsam ist Gewissenssache für jenen, Selbständigkeit für diesen. Selbst Männer und Frauen haben verschiedene Sittlichkeit. Mehr noch: es gibt auch in der engsten sittlichen Gemeinschaft keine Handlung, welche unbedingt geboten oder unbedingt verboten ist; keine Handlung ist also selbst für eine bestimmte Zeit und Kulturstufe absolut gut oder schlecht; während der Mord den tiefsten sittlichen Abscheu in uns wachruft, nimmt unser sittliches Gefühl doch mit Begeisterung am Massenmord teil, sobald derselbe unter Bedingungen stattfindet, durch welche er den Sondertitel Krieg erhält.

Zwei Momente aber scheinen dennoch gegen diese Auffassung zu sprechen. Einmal nämlich der Umstand, dass gerade in Zeiten sittlichen Niederganges jene ethischen Heroen auftraten, die, der Sittenverderbnis ihrer Zeit zum Trotz, aus der Tiefe des eigenen Gemütes sittliche Lehren schöpften, die das ganze Zeitalter beeinflussten und zweifellos doch jene wahre, ewige, absolute Sittlichkeit enthielten, welche nichts gemein hat mit den Geboten der Zeit. Und wichtiger erscheint noch ein zweites: wenn wirklich das objektiv Sittliche ausgedrückt ist in den wechselnden Geboten, die sich aus sittlich indifferenten Zuständen überall langsam herauskristallisiert haben, wie soll es denn dann erklärlich sein, dass trotzdem im ganzen Erdkreis die sittlichen Gebote in ihren wichtigsten Grundlagen sich so ähnlich sind, dass gerade die fundamentalsten Gebote und Verbote überall wiederkehren. Nun ist das letztere eine zweifellose Thatsache, nur meine ich, dass sie auch unter unseren Voraussetzungen erklärbar sei; das erstere dagegen sollte überhaupt nicht so ohne weiteres als Thatsache hingenommen werden. Haben diejenigen Männer, deren Leistungen in der Entwickelung des sittlichen Lebens historisch irgendwie Epoche machten, wirklich eine absolute Sittlichkeit der relativen ihrer Zeit entgegengestellt, haben sie wirklich neue Gebote geschaffen?

Wir müssen da offenbar zwei sehr verschiedenartige Leistungen unterscheiden, einerseits die ethische That, welche, als Vorbild sittlicher Energie, das sittliche Bewusstsein der Zeit kräftigt und erhebt, andrerseits die reformierende Lehre, welche die sittlichen Vorstellungen der Zeit klärt und nicht selten in neue Richtungen weist. Nun ist aber klar, dass solche vorbildliche Leistung — sie allein besitzt eigentlich den Charakter subjektiv sittlicher Handlung, während die reformatorische Lehre streng genommen nur intellektuelle Grossthat ist — irgend welche wirksame Bedeutung nur dann haben kann, wenn sie ein Vorbild in solchen Tugenden ist, welche von den Zeitgenossen als Tugenden geschätzt werden, also in Form von Geboten ihnen eingeprägt worden sind. Eine sittenlose Zeit ist ja nicht eine solche, in der keine Gebote und Verbote bekannt sind, sondern eine solche, in der es der grossen Menge an Kraft gebricht, den Geboten zu folgen; jeglicher thut dasjenige, dessen Folgen ihm angenehm, eine Handlung um des Gebotes, also um ihrer selbst willen, ohne Rücksicht auf die Folgen auszuüben, dazu fehlt es an sittlicher Energie. In solchen Zeiten muss natürlich wegen mangelnder Uebung in der Gebotbefolgung das sittliche Gefühl sich abstumpfen, aber die Gebote und Verbote bleiben doch im Bewusstsein lebendig, denn dann allein ist es verständlich, dass ein grosses Beispiel sittlicher Hingebung in solcher Zeit läuternd wirken kann. Der Anblick eines Geistes, der auf die höchste Lust verzichtet, um einem Verbot getreu zu sein, der sein alles, der sein Leben opfert, um einem Gebot zu folgen, muss mächtig wirken auf Gemüter, welche die Stimme jener Gebote und Verbote durch Lust und Genuss zu übertäuben suchen; sobald sie jene Gebote und Verbote aber nicht kennen, sobald das Ziel, für das jener alles hingibt, ihnen völlig indifferent ist, so erscheint jene That als die eines Thoren oder Irrsinnigen, der belächelt oder bedauert wird. Die nachhaltige Wirkung solcher sittlichen Vorbilder wäre historisch also unbegreiflich, wenn die sittlichen Gebote des vorbildlichen Märtyrers nicht dieselben wären wie die seiner sittenlosen Zeitgenossen.

Aber nichts anderes gilt von jenen mächtig einwirkenden Gestalten, welche den Völkern neue Sittengesetze gegeben zu haben scheinen. Gewiss, es traten immer wieder in kritischen Perioden der Menschheitsentwickelung Männer auf, die vieles für unrecht und schlecht erklärten, was bis dahin für recht und gut gegolten. Ist aber damit gesagt, dass jene neuen Gebote bis dahin verboten waren, dass, was sie für recht und gut erklären, bis dahin schlecht und unrecht war? Mit wachsender Kompliziertheit der Existenzbedingungen mussten ja auf den angedeuteten Wegen sich ganz unabhängig voneinander Gebote entwickeln, welche sich in sehr verschiedener Richtung bewegten und Konflikte unvermeidlich machten; die Gebote, welche aus der einen Institution sich im Volksbewusstsein abstrahiert hatten, konnten den Gebräuchen und Geboten einer anderen widersprechen; soziale und religiöse, lokale und nationale, familiäre und humane Pflichten konnten konkurrieren. In diesem Kampf in Zeiten, in denen das unwichtigere Gebot allgemein bevorzugt wurde, das wichtigere, umfassendere, grundlegende zum Sieg zu bringen, das ist die

That des sittlichen Reformators. Er erfindet also keine neuen Gebote; eine solche Fiktion ist durch und durch unhistorisch. Nur unter dem, was bisher gut war, scheidet er das Grundlegende vom Sekundären und verfolgt die Richtung der Fundamentalgebote mit unbeirrter Konsequenz; da muss denn unsittlich erscheinen, was von dieser Richtung abweicht, aber die Richtung selbst ist thatsächlich doch nur die der Zeit. Kein Reformator hat, wie man sich das früher unhistorisch vorstellte, aus pädagogischen oder gar betrügerischen Absichten eingegriffen; jeglicher that es, unabhängig davon, ob es nützlich sei, nur deshalb, weil er im innersten Gemüt es empfand, was sittlich sei. Welchen anderen Massstab aber konnte er dann haben als eben den, dass seine Lehre der reinste Ausdruck für die in tiefster Seele lebendigen, d. h. in frühester Kindheit erlernten und eingeübten Gebote ist. Eine fortwirkende Sittlichkeitslehre entspringt nie aus theoretischer Ueberlegung, sondern stets aus der Energie der das Bewusstsein infolge der Entwickelungseinflüsse beherrschenden Gebote. Gerade die Analyse der historischen Fälle sittlicher Umgestaltung beweist, dass die scheinbar neuen Gesetze nur der konsequente Ausdruck für die wichtigsten, freilich von unwichtigeren Geboten überwucherten Gesetze der Zeit sind, nicht aber eine vom Gebotinhalt der Zeitstufe unabhängige absolute Sittlichkeit.

Ganz anders verhält es sich mit dem zweiten Einwand: wenn die Sittlichkeit überall voneinander unabhängig bei bestimmter Stufe sozialer Differenzierung aus sittlich indifferenten Gebräuchen und Gestaltungen entstanden, wie lässt es sich dann erklären, dass die fundamentalsten sittlichen Gebote überall in der Grundrichtung übereinstimmen oder sich wenigstens ähnlich sind? Die Antwort dürfte uns einfach die Biologie erteilen. Jede menschliche Gemeinschaft, das kleine Häuflein der Familie, ebenso wie die gewaltige Masse eines Volkes, besitzt, wenn das zusammenhaltende Band auch noch so idealer Natur ist, in dieser Welt der aufeinander stossenden Dinge doch zunächst die Bedeutung eines realen Individuenkomplexes, eines Gesamtorganismus, der gegenüber anderen koordinierten Gesamtorganismen zum Kampf ums Dasein geboren ist, zum Kampf genau, wie ihn die Einzelorganismen und in den Einzelorganismen die Elementarorganismen aufnehmen müssen. Konstruieren wir uns nun den schematischen Fall, dass etwa der eine Stamm in den von seiner Sittlichkeit geregelten Lebensformen die Bedingungen zu kräftiger Selbsterhaltung besitzt, der andere dagegen eine Sittlichkeit aus sich erzeugt hat, die zur Selbstvernichtung führen muss, etwa indem sie Mord und Selbstmord zum Hauptgebot macht, so liegt in dieser Voraussetzung auch schon die Folge, dass nach gewisser Zeit die sittlichen Gebote des ersten Stammes die allein noch existierenden sind, da der zweite Stamm samt seiner ins eigene Fleisch schneidenden Sittlichkeit ausgestorben sein muss. Es versteht sich von selbst, dass die Wirklichkeit der Schablone solcher Extreme nicht entspricht, aber wir werden annehmen müssen, dass zwischen diesen beiden Grenzen alle denkbaren Sittlichkeitsformen liegen, denn da die Sittlichkeit sich auf das Handeln bezieht und jede Handlung irgend welchen Wert für die Erhaltung oder Vernichtung irgend eines Individuums haben muss, das ja wiederum ein Teil des Gesamtorganismus ist, so muss jegliche Sittlichkeit zur Selbsterhaltung der sozialen Gemeinschaft, in der sie herrscht, in förderlicher oder schädlicher Beziehung stehen, freilich in unzähligen Abstufungen. So sehen wir denn die Weltgeschichte erfüllt von einem gewaltigen Ausleseprozess; diejenigen Gesamtorganismen müssen untergehn, deren Lebensformen die Selbsterhaltung gefährden, während auf ihre Kosten diejenigen erstarken und sich ausbreiten, deren Handlungsweisen der eigenen Erhaltung dienlich sind. Wir sehen Völker dahinsiechen und untergehen, nicht immer physisch, aber die physische Gewalt wird so gebrochen, dass der Sieger dem Besiegten seine Lebensformen, seine Gebote und Verbote aufzwingt; in jedem Falle wird der Rest sein, dass überall solche Handlungsgebote Platz greifen müssen, welche der Erhaltung der betreffenden Gemeinschaft dienen.

In der That ist aber dieses die Grenze, innerhalb derer

sich die Uebereinstimmung der sittlichen Gebote empirisch nachweisen lässt; die fundamentalsten, überall wirksamen Gebote und Verbote sind Vorschriften, deren Verletzung gleichbedeutend wäre mit der Selbstzerstörung der Gesamtkörperschaft. Es ist also kein Zufall, dass die Sittlichkeit überall konvergiert, sondern unter den mannigfaltigsten Lebensformen konnten nur die in der Konkurrenz überleben, welche eben sich in der einen bestimmten Richtung bewegten. Dass dieser weltgeschichtliche Prozess nie abgeschlossen ist, liegt einfach daran, dass die inneren Entwickelungskräfte der Menschheit eine stetige Differenzierung bedingen, welche ihrerseits eine stetige Umwandlung und Anpassung der Lebensformen notwendig macht, wofern unter denselben Existenzbedingungen die Selbsterhaltung möglich bleiben soll. Die Sittlichkeit der Griechen würde für unser Kulturleben nicht mehr zur Selbsterhaltung der Gesamtheit ausreichen; ein Stehenbleiben bringt hier den Verfall mit sich. Immer neue Gebote müssen hervortreten, d. h., da der Kampf ums Dasein nie aufhört, so müssen, bei der geringsten Aenderung in der Komplikation der Verhältnisse, stets auch die geringsten Keime solcher Gebräuche, welche unter den veränderten Bedingungen zweckmässig sind, sich entwickeln; die geringsten Gebote, die in der nunmehr zweckmässigen Richtung sich bewegen, werden der Gemeinschaft, in der sie wirksam sind, zum Uebergewicht verhelfen.

Hier, wo die von gemeinsamen Geboten zusammengehaltene Gemeinschaft für uns die Rolle eines einheitlichen biologischen Gesamtorganismus annimmt, drängt sich auch unwillkürlich das Bild eines Gesamtwillens auf. So energisch wir die Vorstellung bekämpften, als sei die einzelne That des einzelnen Individuums der Ausfluss eines subjektiven Gesamtwillens, eine Vorstellung, die uns geradezu an die mystische Annahme eines untersinnlichen Ineinanderfliessens aller Bewusstseinsinhalte geknüpft scheint, so berechtigt scheint es uns, jene einheitlich zusammenhängenden Handlungsgebote als einen objektiven Gesamtwillen aufzufassen. Nur sei dabei nicht vergessen, dass dieser objektive Gesamtwille nie sittlich sein kann, denn die Gebote an sich haben ja, wie wir sahen, nur den Charakter sittlich indifferent entstandener Gesetze; sittlich sein kann nur der Individualwille. Wenn wir trotzdem von der Sittlichkeit oder Unsittlichkeit eines Gesamtwillens reden, kann es mithin nur den Sinn haben, dass seine Gebote gut oder schlecht übereinstimmen mit den umfassenderen und daher wichtigeren Gesetzen eines noch grösseren Gesamtorganismus, in den der engere als Teil aufgeht und dessen Geboten gegenüber der kleinere sich gewissermassen als Einzelwille gegenüberstellt und somit die Möglichkeit gewinnt, sittlich oder unsittlich zu werden. In diesem Sinne können wir jeden Gesamtwillen, jede Sittlichkeitslehre schliesslich auf den allermächtigsten Gesamtwillen, den der ganzen Menschheit, zurückbeziehen; hier aber hat es seine Grenze. Von den Geboten, welche den Gesamtwillen der Menschheit repräsentieren, hat es somit gar keinen Sinn mehr, zu sagen, sie seien sittlich; sie können an keinem umfassenderen Gesamtwillen gemessen werden, sie sind weder sittlich noch unsittlich, sondern sie sind einfach der Ausdruck derjenigen Richtung, in welcher die Menschheit thatsächlich ihre Lebensweise reguliert. Diese Richtung muss die der Menschheitserhaltung sein, denn sonst hätte die Menschheit sich eben nicht erhalten, von ihrer Lebensweise wäre also nicht mehr die Rede. Die Menschheitserhaltung ist somit kein sittliches Gebot; sittlich ist nur der Wille, der sich diesem Gebot, weil es Gebot ist, unterordnet; unsittlich der Wille, der ihm widerstrebt.

Wie gestalten sich die Konsequenzen dieses Standpunktes nun für die Beurteilung unseres eigenen sittlichen Lebens? Wir haben gesehen, dass es ein objektives Kriterium der Sittlichkeit nicht geben kann, nicht der Thaterfolg, sondern das Thatmotiv das einzig entscheidende Moment der sittlichen Leistung sei. Trotzdem betrachtet gemeinhin die Ethik jegliche Handlung, welche unseren Geboten entspricht, gleichviel ob aus Pflichtgehorsam oder aus sittlich indifferenten Motiven, ohne weiteres als sittlich. Sie ist dazu offenbar berechtigt, falls sich zeigen lässt, dass subjektive und objektive Sittlichkeit bei uns sich decken, dass jede den Geboten entsprechende Handlung aus subjektiv sittlichen Motiven, also um der That, nicht um des Erfolges willen gethan wird; sie müsste beweisen, dass aus sittlich indifferenten Motiven bei uns keine einzige, objektiv sittliche Handlung hervorgehen kann. Der oberflächlichste Ueberblick lehrt uns das Gegenteil. Wir wollen dabei von vornherein alle die zahlreichen Fälle ausscheiden, wo die Sittlichkeit überhaupt nur gewissermassen simuliert wird, die sittliche That also vollbracht wird, um den Schein sittlicher Gesinnung zu erwecken und so die vorteilhaften Folgen einzuernten, die dem wahrhaft Sittlichen in sittlicher Gemeinschaft erwachsen. Wer wohlthätig ist, nicht um Leiden zu lindern, sondern um Orden zu erjagen, der würde vermutlich nicht lange zaudern, wenn er denselben Effekt, nur auf entgegengesetztem Weg, durch Leidhervorrufen, durch Habsucht, durch Unsittlichkeit erreichen könnte. Wo mit bewusster Absicht die sittliche Geste nur als unredliches Hilfsmittel für fernliegende Zwecke verwandt wird, wollen wir den Thatbestand unberücksichtigt lassen; aber sind die Motive der objektiv sittlichen Geboterfüllung wirklich dort stets sittlich wertvoll, wo ohne bewusste Reflexion über den Nutzen der sittlichen Handlung das soziale Getriebe sich durch die normalen Gefühle und Erwägungen des praktischen Lebens fortbewegt? Wir sehen im Gegenteil das naive Bewusstsein von zwei ganz verschiedenen Arten sittlich indifferenter Motive zu objektiv sittlichen Handlungen auch bei uns heute hingedrängt. Einmal nämlich sind überall, auch auf entwickeltster Kulturstufe, alle jene psychischen Faktoren weiter wirksam, die wir bei den sittlichkeitslosen Naturvölkern als Antriebe der sozialen und religiösen Handlungen erkannten; dann aber gehen allmählich die sittlichen Motive selbst in Formen über, welche jenem Kriterium der Sittlichkeit nicht mehr genügen. Die einen sind also die Motive, welche zu jenem Punkt führten, wo die Sittlichkeit anfängt; die anderen fangen da an, wo die Sittlichkeit aufhört. Jene existierten lange, ehe die Sittlichkeit entstand, sie waren schon im Tiere vertreten; diese konnten erst der Sittlichkeit folgen und sind so in ihrer Richtung durch die Sittengebote bedingt, während aus jenen die Sittengebote entstanden. Jene vorsittlichen Sittenmotive sind auch in unserer Zeit schier überall mehr oder weniger deutlich wirksam; die Regungen der Naturvölker sind eben konstante Faktoren des menschlichen Bewusstseins. Die Völkerpsychologen glauben so oft, dass ihr Objekt dort aufhört, wo die Individualpsychologie anfängt, dass die Naturvölker allein ihnen Material zu liefern im stande sind. Sie vergessen, dass alle anthropologischen Regungen und Motive den kontinuierlichen Hintergrund auch für das höchste Kulturleben bilden, dass jene Antriebe zu allen Zeiten wirksam bleiben und unwillkürlich so auch die höchsten und kompliziertesten Vorstellungsprodukte im Sinne jener primitiven, aber konstanten Bewusstseinselemente umzumodeln trachten. Gerade deshalb ist ja solche völkerpsychologische Betrachtung so wichtig, nicht weil sie uns aufklärt, wie die Feuerländer und die Australier sich benehmen, sondern weil sie in diesen primitiven Verhältnissen alle jene Elemente isoliert findet, die sich bei uns mit den Errungenschaften Jahrtausende alter Kultur, auf den ersten Blick ununterscheidbar, verwebt haben. Tritt uns doch auch ein Ton, den wir aus einem Klang nicht einzeln heraushören können, sofort deutlich hervor, sobald wir vor dem Klang jenen einzelnen Ton isoliert gehört hatten. Erst wenn wir, um bei unserem speziellen Fall zu bleiben, uns vergegenwärtigt haben, wie in jenen niederen Zuständen ethisch Wertloses in der äusseren Form solcher Handlungen auftritt, die unseren objektiven Geboten entsprechen, erst dann werden wir klar erkennen, wie vieles auch bei uns von der Ethik als sittlich bezeichnet wird, das subjektiv auf jener primitiven Stufe des sittlich Indifferenten steht. Es beruht eben auf tiefliegenden Elementen der menschlichen Natur, dass immer wieder egoistische Furcht vor göttlicher Strafe, selbstische Hoffnung auf Lohn den Verkehr des einzelnen mit der Schicksal lenkenden Macht ausfüllt und den Platz der religiösen Gesinnung einnimmt. Wenn dadurch auch die Erfüllung religiöser Gebote zu blosser Zweckmässigkeitshandlung herabsinkt, ja zum gewöhnlichen Tauschgeschäft erniedrigt wird, so wird das doch vermutlich immer so bleiben, solange jeglicher in einen Kreis fertiger Gottesvorstellungen hineinwächst und die menschliche Durchschnittsnatur unverändert bleibt. Und nicht minder tief wurzelt in der grossen Masse der Drang, in dem Getriebe des Rechtslebens aus Motiven mitzuwirken, die mit der Sittlichkeit nicht das Geringste zu thun haben. Immer wieder sehen wir, nicht nur wo die Rohheit zu ungesetzlichen Formen der Vergeltung greift, die der Blutrache nahe stehen, dass nicht die absichtliche Verletzung des Rechtes, sondern die thatsächlich erfolgte Schädigung der Anlass wird, das Recht zu suchen; nicht das sittliche Gerechtigkeitsgefühl lehnt sich auf, sondern der Schmerz des Geschädigten, dessen Unlust keinen Unterschied macht zwischen gewolltem und unbeabsichtigtem Unrecht. Vor allem aber wirken jene drei, ethisch wertlosen Faktoren, die wir als Grundlage der primitiven sozialen Lebensformen erkannten, durch alle Zeiten fort und beeinflussen das praktische Leben der meisten Durchschnittsmenschen.

Fast alle Menschen erfüllen zunächst im engsten Kreise ein Mittelmass sittlicher Anforderungen aus sympathischem Instinkt, einer Eigenschaft, an deren Zustandekommen der Wille unbeteiligt war. Aber auch das zweite gilt von den meisten Menschen; sie verwechseln die verschiedenen Formen der Wertschätzung, rühmen alles, was Lust erweckt, das Gute, das Nützliche, das Schöne, ohne sich der verschiedenen Beurteilungsweise bewusst zu sein. Der Erfolg der sittlich wertvollen Willenshandlung wird somit unter demselben Gesichtspunkt betrachtet wie das Produkt sittlich indifferenter Beanlagung, und so ist es nicht selten der intellektuelle oder ästhetische Wert, nicht ihr sittlicher, um dessen willen eine That bevorzugt und den Geboten gemäss ausgeführt wird. Und drittens schliesslich erfüllen alle Menschen eine Menge Gebote und Verbote, die Polizeivorschriften des Daseins, aus Einsicht in ihre Nützlichkeit, aus Furcht und Gewohnheit, ohne im geringsten darauf Rücksicht zu nehmen, dass jene Vorschriften zugleich sittliche Gesetze sind, die erfüllt werden müssten, auch wo kein Nutzen zu erwarten und kein Schaden zu fürchten ist. Kurz, man kann in der grossen Menge den objektiven Geboten leidlich entsprechend leben, ohne auch nur eine Spur sittlicher Leistungen zu vollbringen, ohne das geringste Pflichtgefühl. Theoretisch noch wichtiger aber sind uns diejenigen Handlungsformen, welche der Sittlichkeit nicht vorangehen, sondern ihr folgen. In welche Prozesse können also die sittlichen Leistungen übergehen und sich verwandeln? Offenbar überwiegt eine Form über alle: die Pflicht wird zur Neigung! Die Neigung spielt mithin bei der Hervorbringung gesetzgemässer Handlungen zwei ganz verschiedene Rollen; wir sahen ja aus Neigungsgefühlen gerade bei den niedersten Völkern wie bei den Tieren die Formen der wechselseitigen Beziehungen sich entwickeln, ohne eine Spur von Sittlichkeit und sehen nun, dass auf der Höhe der Sittlichkeit die Neigung wieder zum Motive wird. Freilich jene und diese Neigung sind sehr verschiedenartig. Die primitive Neigung ist ein auf den nächsten Kreis sich erstreckendes Gefühl, hervorgerufen durch die festesten Assoziationen. Sie ruft alle jene Handlungen des Wohlwollens hervor, die um ihres erwünschten Erfolges willen gethan werden; die Lust an dem für die Nächsten nützlichen Erfolge erzeugt hier die an sich dem Handelnden gleichgültige That. Dort ist es umgekehrt; der Handlungserfolg ist ursprünglich ein gleichgültiger, sogar ein unangenehmer, aber die Handlung selbst entspricht einem Gebot. Ihre Erfüllung erweckt Lust, die stärker ist als die Unlust der Folgen, und wenn in diesem Stadium der Sittlichkeit die Handlung häufig ausgeführt wird, überdies die gegenwirkende Unlust der Folgen nicht gar zu intensiv, resp. der Egoismus, d. h. der Trieb, die eigene Lust als Motiv besonders zu accentuieren, nicht stark ausgeprägt ist: so kann nunmehr die Lust an der Handlung als Geboterfüllung gewissermassen überstrahlen auf den Handlungserfolg, derart, dass jetzt die Lust am Erfolg zum Hervorbringen der Handlung genügt, die Lust an der Erfüllung des Gesetzes, das Gewissen also, überflüssig wird. Da diese Lust am Erfolge offenbar nun Lust am Wohlergehen der anderen ist, so wird sich nichts dagegen einwenden lassen, wenn wir auch diesen, aus Pflichtgefühl allmählich entstandenen Affekt als Neigungsgefühl bezeichnen. Die Liebe zwischen Eltern und Kindern ist solch primäres Neigungsgefühl, das, sittlich indifferent, Handlungen erzeugt, die den objektiven Geboten entsprechen, und aller Sittlichkeit vorangehen und sie begleiten kann; die Liebe zur Menschheit ist dagegen solch sekundäres Neigungsgefühl, dessen Bethätigung objektiv ebenfalls den Geboten entspricht, das aber überall ein Produkt sittlichen Lebens und sittlicher Gesinnung ist und dem somit die vollbewusste Sittlichkeit vorangehen muss. Es gibt keinen einzigen sittlichen Pflichtenkreis, der nicht schliesslich auf diesem Weg dem Pflichtgefühl entzogen und unbeschadet des äusseren Effektes dem Neigungsgefühl überlassen werden kann; wie eng ist dagegen der Kreis, in welchem jetzt wie zu allen Zeiten das primäre Neigungsgefühl eine Rolle spielt. Wenn wir so erkennen, welche wichtige Bedeutung dem sekundären Neigungsgefühl zukommt, ja wie es im stande ist, das gesamte Pflichtbewusstsein in Ansehung des äusseren Erfolges überflüssig zu machen, so dürfen wir dabei nur das eine nicht vergessen, dass, sobald wir wieder das Kriterium der Sittlichkeit berücksichtigen, auch dieses Neigungsgefühl genau wie das primäre sittlich völlig indifferent ist. Gerade darin besteht ja der Uebergang aus Pflichtgefühl in Neigungsgefühl, dass hier aus Freude am Handlungserfolg gethan wird, was dort aus Freude an der Handlung selbst geschah; kein Zweifel, dass hier also das einzige Merkmal des Sittlichen, das wir als charakteristisch erkannten, völlig fehlt, so sehr auch dieses Neigungsgefühl aus der Sittlichkeit entstanden ist und so völlig auch seine praktische Bethätigung den Pflichtgeboten entsprechen muss. Die Sittlichkeit also, die aus sittlich indifferenten Bewusstseinszuständen stammesgeschichtlich wie beim einzelnen Individuum entsprungen ist und entspringt, führt schliesslich zu einem Punkte, wo sie wieder in sittlich indifferente Zustände übergeht.

IV.
Der Wert der Sittlichkeit.

Unsere Betrachtung der Sittlichkeitsentwickelung hat uns zu einem Punkt geführt, der wie kein anderer bei der Behandlung ethischer Fragen immer wieder zu Trugschlüssen Anlass gab. Wir haben gesehen, dass nur die Handlung aus Pflichtgefühl sittlich wertvoll ist, die Handlung aus Neigung nicht; ist somit nicht die notwendige logische Folgerung, dass wir die Neigungsgefühle aus unserer Seele ausroden müssen, um an ihrer Stelle das Pflichtbewusstsein festwurzeln zu lassen? Nein, diese Folgerung ist falsch, durchaus falsch und unbegründet! Schiller fand ja freilich in seinem Gewissensskrupel:

> Gerne dien' ich den Freunden, doch thu' ich es leider mit Neigung,
> Und so wurmt es mir oft, dass ich nicht tugendhaft bin,

nur den einen mangelhaften Ausweg, der, wiewohl er freilich im Geiste Kants ist, so absurd scheint, dass, wenn er wirklich der einzige sein sollte, das knappe Epigramm ein vernichtender Angriff auf das Kantsche Moralprinzip wäre:

> Da ist kein anderer Rat, du musst suchen, sie zu verachten,
> Und mit Abscheu alsdann thun, wie die Pflicht dir gebeut.

Viel hundertmal hat nachher wie vorher die wissenschaftliche Ethik in demselben Sinne demonstriert, dass uns derjenige viel lieber sei, der seinen Nächsten Gutes aus Liebe thut, als der, welcher sich nur vom Gewissen dazu anregen lässt, dass nach allgemeinem Urteil es viel schöner und erstrebenswerter sei, aus warmem Neigungsgefühl als aus kaltem Pflichtbewusstsein das Gebotene zu erfüllen, dass es der Höhepunkt menschlichen Schaffens sei, von Lust an fremder Lust sich leiten zu lassen, und immer wurde daraus gefolgert, dass mithin unmöglich die That aus Neigung sittlich wertlos und nur die Gewissensthat sittlich wertvoll sein kann. Und dennoch müssen wir einwenden: die einen haben so recht wie die anderen. Ja, es ist schöner, das Gute aus Liebe statt aus Pflichtgefühl zu thun, ja, es ist wertvoller, wenn Handlungen aus Neigung erfolgen, als wenn sie dem Pflichtgefühl abgerungen werden, und dennoch sind nur diese Handlungen sittlich, jene nicht, denn — und damit kommen wir auf die stets übersehene Grundfrage — **weshalb in aller Welt soll denn eine sittliche Handlung wertvoller sein als eine sittlich indifferente?**

Die citierten Dichterworte und ihre unzähligen Prosavariationen aller Zeiten haben offenbar doch nur dann Berechtigung und Sinn, wenn für diese Grundfrage stillschweigend vorher eine bestimmte Antwort vorausgesetzt wird, nämlich die Antwort, dass in der That es stets schlechthin wertvoller sei, eine sittliche Handlung zu produzieren, als eine sittlich indifferente, und dass, wenn eine Handlung für wertvoller gilt als die andere, dass dann die erstere auch jedesmal die sittlichere sein muss. Hätte Schiller, wie gesagt, diese Antwort nicht als selbstverständlich ohne jede Prüfung vorausgesetzt, so hätte seine Entscheidung in dem Gewissensskrupel doch wesentlich anders lauten müssen. Sie würde etwa so gelautet haben: »Wenn du deinen Freunden nicht aus Pflichtgefühl, sondern aus Neigung hilfst, so ist, wie Kant sehr richtig betont hat, deine helfende Handlung in der That sittlich völlig gleichgültig, du bist also nicht tugendhaft; das soll nicht heissen, dass es dir an Tugend fehlt, sondern nur, dass diese spezielle Handlung mit der Tugend gar nichts zu thun hat, dass sie mit dem Massstab der Sittlichkeit gar nicht gemessen werden kann. Trotzdem rate ich dir entschieden, dabei zu bleiben und deiner schönen

Neigung zu folgen, denn zur Erreichung dessen, was jedem von uns als Ideal vorschwebt, für die Entwickelung der Menschheit, ist deine sittlich indifferente That viel wertvoller, als wenn du jene andere, in die Kategorie des Sittlichen rubrizierbare Handlung ausführen würdest; würdest du wirklich die Freunde verachten und ihnen dann mit Abscheu helfen, so würde deine That allerdings in das Gebiet des Sittlichen gehören, sie würde aber bei weitem nicht so wertvoll sein als deine Hilfe aus neigungsfrohem Lustgefühl.«

Offenbar hat die Frage, was wertvoller sei, was mithin vorgezogen werden solle, nur dann Sinn, wenn ausgesprochen oder unausgesprochen ein Zweck oder Ziel ergänzt wird, dessen Erreichung durch das eine mehr als durch das andere ermöglicht wird; auch die wirtschaftlichen Objekte sind ja nicht an sich wertvoll, sondern nur insofern sie der Befriedigung menschlicher Bedürfnisse dienen. Welches ist der Zweck nun, den wir ins Auge fassen, wenn wir eine Handlung der anderen vorziehen? Welches Ziel lässt uns die eine Handlung wertvoller erscheinen als die andere? Diejenigen, welche durch Zustimmung zu der üblichen Entscheidung jene charakterisierte, stillschweigend gemachte Voraussetzung anerkennen, sehen dieses Ziel zweifellos darin, eine möglichst grosse Zahl möglichst sittlicher Leistungen zu produzieren. Das Ideal wäre dann, dass möglichst jede menschliche Handlung sich als sittlich wertvoll qualifiziere. Die Hervorbringung eines **Maximalquantums von solchen Willensregungen, die den Charakter des Sittlichen haben**, als Zweck und letztes Endziel alles menschlichen Handelns gesetzt, würde allerdings zu der Entscheidung führen müssen, dass jede Handlung, welche zur Spezies der sittlichen Leistungen gehört, unbedingt solchen Handlungen vorgezogen werden müsse, die sittlich indifferent sind. Ganz logisch würde für denjenigen, der sich für dieses Menschheitsziel begeistern kann, daraus folgen, dass, wenn Neigungshandlungen nicht sittliche Leistungen sein sollen, nur zwei Möglichkeiten offen bleiben, entweder muss man die Neigung unterdrücken, um dieselbe Handlung aus Pflichtgefühl zu vollbringen, oder man muss die Prämisse als falsch erklären und somit auch den Neigungsgefühlen sittlichen Wert beilegen.

Ist denn nun aber wirklich dieses Ziel dasjenige, das wir berücksichtigen müssen, wenn wir die Wertstufe einer Handlung feststellen wollen und uns entscheiden, was wir thun sollen? Eine solche Zielsetzung bleibt selbstverständlich stets ein Akt der Willkür; wir sind in der Wahl unserer letzten Zwecke vollständig frei. Wir können als Ideal, dem sich unser Handeln annähern soll, irgend eine religiöse Lehre betrachten; es sind dann diejenigen Handlungen am wertvollsten, welche den Vorschriften der bestimmten Religion am meisten entsprechen. Wir können auch in pessimistischem Gedankengang dahin gelangen, die Abtötung des Willens und somit den Untergang der Menschheit als höchsten Zweck zu betrachten und vieles andere. Die Frage, welcher letzte Menschenzweck nun eigentlich der wahre sei, hat natürlich gar keinen Sinn, denn solange die Weltbetrachtung nicht durch eine dogmatische, anthropomorphistische Anschauung beeinträchtigt ist, kann darüber ja kein Zweifel sein, dass nicht wir um eines Zweckes willen geschaffen, sondern die Zwecke von uns geschaffen und gesetzt sind. Die Wirklichkeit ist hier also parteilos; kein Zweck ist von vornherein wahr und wirklich, jeder aber kann zum wahren werden, indem die Menschheit ihn dadurch verwirklicht, dass sie ihn handelnd zu erreichen sucht.

Ganz anders aber liegen die Dinge, wenn wir nicht fragen, welcher Zweck der wahre, sondern welche von den möglichen Zwecksetzungen die nach menschlichem Wissen berechtigtste sein mag. Hier nimmt die Wirklichkeit selbst Partei. Nicht das Ziel kann den Vorzug verdienen, dessen Erreichung mit der Vernichtung aller menschlichen Errungenschaften zusammenfällt und bei dessen Geltung alles Streben und Schaffen wertlos, ja schädlich wäre. Nicht das Ziel kann das berechtigtste sein, das lediglich durch die Verallgemeinerung der unter bestimmten historischen Bedingungen entstandenen Wünsche eines einzelnen Volkes geschaffen wird; nicht das kann der höchste allgemeine Menschenzweck sein, der entnommen ist aus den unter bestimmten Kulturverhältnissen erwachsenen Hoffnungen einer einzelnen Religionsgemeinschaft. Wenn die Wirklichkeit, wenn Natur und Geschichte, ihr Gewicht zu gunsten irgend einer menschlichen Zwecksetzung in die Wagschale werfen sollen, so kann es nur für die geschehen, welche der thatsächlichen, bisher abgelaufenen Weltentwickelung entspricht, welche als Ziel also den Punkt festhält, zu dem hin sich die Lebewesen als Gesamtheit bisher stetig bewegt haben. Wir dürfen die Richtung zu jenem Punkte hin zunächst noch nicht Fortschritt und nicht Vervollkommnung nennen; selbst das Wort Entwickelung würde eine günstige Prädizierung vorwegnehmen. Wir können nur sagen, dass die bisherigen Veränderungen der Lebewelt, trotz der fortwährenden Gegenbewegungen im Einzelnen sich für die Gesamtheit als stetige Differenzierung darstellen und dass speziell in der Menschheit diese steigende Differenzierung sich als beständiges Wachsen der menschlichen Bedürfnisse und damit in Wechselwirkung als beständiges Wachsen der Mittel zur Befriedigung menschlicher Bedürfnisse erwiesen hat. In letzterem liegen schon die fortwährenden Bereicherungen der Erkenntnis, die immer neuen Produktionen in Technik und Kunst, Religion und Wissenschaft, die unbegrenzten Neugestaltungen in Staat und Gesellschaft, die immer mannigfaltigeren Formen des Zusammenlebens der einzelnen und der Völker. In dieser Richtung, die vom niedersten Lebewesen zum Menschen, vom halbtierischen Naturvolk zur heutigen Kultur geführt hat, in dieser Richtung, eben weil sie die der gesamten Natur und Menschheit war, müssen wir auch die weiteren und letzten Ziele der Menschen suchen und setzen, denn sinnlos und in sich widersprechend, ja trotz des vorübergehenden Erfolges für den einzelnen und das einzelne Volk, für die Gesamtheit doch völlig aussichtslos wäre der Wunsch und der Versuch, die gesamte bisherige Veränderungsrichtung durch neue Richtungen zu durchkreuzen oder die Menschheit auf durchlebte oder ausgelebte Stufen zurückzudrängen. Nicht weil jene Richtung gut ist oder schön ist — ihre unbedingte Bevorzugung hat zunächst mit der Sittlichkeit ebensowenig wie mit der Schönheit zu thun —, sondern lediglich weil es die einzig natürliche, durch die Thatsachen begründete und vorgezeigte, widerspruchslos ausdenkbare Zielrichtung ist. Wenn wir aber diese Richtung somit als die unbedingt anzuerkennende, ihre Ziele als die unbedingt letzten erfassen, so sind wir dann allerdings zu einer Wertabstufung alles Handelns berechtigt und können nun mit Grund jene bisherige Veränderung in der Menschheit als Entwickelung, als Fortschritt, als Vervollkommnung bezeichnen, weil sie jenem letzten Ziele entgegenstrebt. In gleicher Weise sind damit alle vorübergehenden Einzelzwecke abgestuft; sie alle müssen aus jenem letzten Endzweck ihre Berechtigung ableiten, sie alle haben nur entlehnte Macht, nachdem die höchste Macht — und es kann nur eine höchste Macht geben — dem einen Endzweck anvertraut ist, der ja freilich selbst kein fester Punkt ist, sondern nur eine Richtung, kein irgend einmal erreichbares Ziel, sondern ein Ideal nur, dem wir uns stetig nähern, ohne es auch in unendlicher Zeit ganz zu erreichen. Wer diesen für den Menschen natürlichsten und deshalb höchsten Standpunkt erreicht hat, der kann nun auch nicht mehr im Zweifel sein über die Bedeutung des Sittlichen, über den Wert der sittlichen Ziele und Zwecke. Auch die normale Sittlichkeit ist lediglich eines von den vielen Hilfsmitteln, durch welche die Menschheit ihre letzten Zwecke zu verwirklichen bemüht ist, sie steht nicht über, sondern neben zahlreichen anderen Lebensformen, die in derselben Weise an dem Fortschritt und der Vervollkommnung mitwirken und nur, soweit sie diesem höchsten Ziele wahrhaft dient, ist die Sittlichkeit wertvoll; wo die sittlichen Gebote diesem höheren Ziele sich nicht zuwenden, da ist das sittlich Wertvolle, von höherem Standpunkt betrachtet, wertloser als das sittlich Indifferente.

Dass thatsächlich die sittlichen Gebote fast aller Völker und fast aller Zeiten in der Richtung jenes höchsten Zweckes konvergieren, haben wir schon früher gesehen und die sehr natürlichen Gründe dafür darin erkannt, dass jede nicht auf die Erhaltung zielende Lebensgewohnheit sehr bald durch

Nichterhaltung im Kampf ums Dasein ausgerodet werden würde und dass Erhaltung bei der aus anderen Gründen steigenden Kompliziertheit der Lebensverhältnisse nur dann möglich ist, wenn die Gebote die Tendenz des Fortschrittes, der Vervollkommnung einhalten. Der Umstand aber, dass, obgleich diese Richtung der sittlichen Gebote somit die normale ist, dennoch so manches Volk und so manche Religionsgemeinschaft unter irgend welchen äusseren Bedingungen zu sittlichen Geboten kam, welche die umgekehrte Tendenz bekundeten — was freilich unausbleiblich mit Untergang oder Niederlage in der Weltgeschichte gebüsst werden musste —, gerade dieser Umstand lehrt, dass die Vervollkommnung der Zweck sei, welcher höher steht als alle Sittlichkeit, und welcher somit der Sittlichkeit erst die Richtung zu geben hat. Nicht die Sittlichkeit ist es, welche die höchsten Zwecke vorschreibt, und wenn auch unsere Sittlichkeit mit der Richtung des höchsten Zweckes übereinstimmt, so dürfen wir denselben dennoch nicht dadurch zu gewinnen suchen, dass wir den Zielpunkt der sittlichen Gebote aufsuchen, widrigenfalls jene anderen Völker mit derselben Berechtigung die umgekehrten Zwecke und Ziele als höchste sich aus ihren Geboten ableiten dürften. **Unsere Sittlichkeit ist lobenswert, weil sie wie viele andere Lebensformen der Vervollkommnung der Menschheit dient; nicht aber ist die Vervollkommnung lobenswert, weil sie der Sittlichkeit entspricht.**

Zweifellos nimmt unter den mannigfachen Faktoren des Fortschritts die Sittlichkeit eine Stellung von eminenter Bedeutung ein; weniger durch ihre positiven Produkte, denn da sind die sittlich indifferenten Hervorbringungen der Triebe und Anlagen erheblich wichtiger, derart, dass, wenn selbst alle Menschen sittliche Genies wären, die Menschheit dennoch erheblich langsamer vorwärts käme, wenn nicht gleichzeitig intellektuelle Talente und Genies, wirtschaftliche und politische Geister mit freien Kräften, nur der Neigung folgend, unabhängig von allem Gewissensantrieb, den höchsten Zwecken dienen würden. Der unermessliche Wert des Sittlichen liegt eben weniger in der Hervorbringung positiver Leistungen, als in der Unterdrückung solcher Handlungen, die der menschlichen Vervollkommnung schädlich sind. Dieses negative Amt, vor vervollkommnungswidrigen Handlungen zu warnen, hat nun, freilich unterstützt von sittlich indifferenten Abneigungen und Instinkten, Ueberlegungen und Gewohnheiten, im allgemeinen doch die Sittlichkeit in so vollem Masse übernommen, dass wir keine That zu billigen gewohnt sind, welche von einem sittlichen Verbot untersagt ist. Mag sie nach anderer Richtung der Entwickelung dienen; sobald sie mit einem sittlichen Gebot in Konflikt gerät, so gilt uns ihr Nachteil für die Entwickelung als überwiegend; wir lassen darin mit Recht der Sittlichkeit das letzte entscheidende Wort. Dass auch diese Regel Ausnahmen hat, ist bekannt; es gibt Fälle, in denen geniale Kräfte sich zum Vorteil der Menschheitsentwickelung ausleben, auch wenn sie gegen Sittengesetze verstossen, aber die Ausnahmen sind selten genug, um nur eben die Regel zu bestätigen.

Die Norm bleibt also, dass jede Handlung, welche unsittlich ist, zu unterlassen ist, weil sie für die Entwickelung schlechter ist als jede andere That. Wir dürfen daraus aber durchaus nicht folgern, dass jede Handlung, welche sittlich wertvoll ist, nun vor jeder anderen That zu bevorzugen sei. **Das Unsittliche ist in jedem Falle schlechter als das sittlich Indifferente, das Sittliche ist aber durchaus nicht immer besser als das sittlich Gleichgültige.** Gerade dieses letztere jedoch war die Thesis, von der wir die übliche Beurteilung ausgehend fanden.

Dass auch dieser Trugschluss seine relative, freilich nur vorübergehende Berechtigung hat, lässt sich nicht verkennen. Die hervorragende Wichtigkeit des Sittlichen für grosse Lebensgebiete haben wir ja soeben betont; nun bedarf die Sittlichkeit aber der Einprägung und Lehre. Wir sahen, wie sie auf bestimmter Entwickelungsstufe zu den übrigen kulturfördernden Faktoren hinzutreten musste; wir sahen aber auch, dass sie sich nur dadurch erhielt, dass jeder einzelne dazu erzogen wird, jeder einzelne die Gebote und Verbote, in die er hineingeboren wird, durch erzieherische Einübung mit seinen Gewissensregungen verknüpft. Alle übrigen Lebensformen entwickeln sich frei, die sittliche Handlungsweise muss dem Menschengeist erst durch energische Pädagogik abgerungen werden; es müssen also im Interesse der menschlichen Entwickelung Menschen und Institutionen existieren, deren Aufgabe es ist, zur Leistung sittlicher Handlungen anzuregen — dürfen wir uns da wundern, wenn ihnen sich die Welt so darstellt, als ob die Hervorbringung solcher sittlichen Leistungen die höchste und letzte Aufgabe des Menschen sei? Da der Erzieher für die Sittlichkeit — und jeder einzelne ist zeitweilig zu dieser verantwortungsvollen Stellung berufen — nur das eine Ziel hat, die Bevorzugung sittlicher Handlungen zu fördern, so muss notwendig sein Gesichtskreis, solange er seine Rolle vertritt, sich naturgemäss verengern; die sittliche Handlung wird ihm so völlig zum Höhepunkt des menschlichen Thuns, dass sie ihm nicht nur besser als die unsittliche, sondern auch besser als die sittlich gleichgültige erscheint. Ist es doch für die Lösung jeder Einzelaufgabe wünschenswert, dass der Gesichtskreis sich entsprechend verkleinert, die gegebenen Bedingungen der Aufgabe selbst nicht erst wieder geprüft, die Voraussetzungen nicht erst wieder auf ihre Voraussetzungen untersucht werden. Wer Sittlichkeit verbreiten will, der muss so thun, als wäre die Produktion sittlich wertvoller Leistungen der höchste Zweck, und die relative Berechtigung dieses Standpunktes liegt dann eben darin, dass von ihm aus am besten die Sittlichkeit gefördert werden kann, die Förderung derselben aber nachweislich den wahren höchsten Menschenzwecken dienlich ist.

Darf die Ethik diesen relativ berechtigten Standpunkt zu dem ihrigen machen? Nein! Die Ethik ist Wissenschaft und die Wissenschaft soll nicht gut, sondern wahr sein; ihr Katheder ist keine Kanzel. Die Ethik, welche ihre Aufgabe darin sieht, das Gute in der Menschheit zu fördern, sittlich erziehend zu wirken und, unter Vernachlässigung aller übrigen kulturfördernden Elemente, gerade die Schöpfung sittlicher Handlungen in der Menge anzuregen, somit ihre Aufgabe mehr oder weniger denjenigen Bestrebungen annähert, welche gemeinhin bei der sozialen Arbeitsteilung dem Prediger und Erzieher zugefallen, eine solche Ethik muss allerdings entweder auch Neigungs- und Triebhandlungen, künstlerisches Schaffen und freies Ausleben intellektueller Anlagen zu sittlichen Leistungen erheben oder alles dieses verachten, um kalte Gewissensregung als einzig wertvollen Handlungsantrieb an ihre Stelle zu setzen.

Eine Ethik dagegen, die sich ihrer Aufgabe als Wissenschaft bewusst ist, die unentwegt durch Konsequenzen, welche vielleicht auf den ersten Blick das Behagen der Gewohnheit beeinträchtigen, lediglich der Wahrheit zu dienen trachtet, eine solche Ethik wird auch hier ohne Bedenken sich vor der Thatsache beugen, dass die Sittlichkeit durchaus nicht das wertvollste Moment des handelnden Menschen ist, dass andere Lebensformen, speziell die Neigungstriebe, sittlich völlig indifferent und dennoch — nicht für die Anerkennung des einzelnen Charakters, wohl aber für jene letzten menschlichen Ideale, denen wir den absoluten Massstab entnehmen mussten — weit wertvoller sind als opfermutige Gewissensthaten.

Für die wissenschaftliche Ethik verwandelt sich die Frage, was ist wertvoller, die That aus Pflichtgefühl oder die That aus Neigung, mithin durchaus nicht in die stets bevorzugte Fragestellung: welche von beiden ist sittlicher? Ja, wer nicht wie der Pädagoge aus dem charakterisierten Interesse das sittlich Indifferente mit dem Unsittlichen zusammenwirft, indem er beides nur als nicht sittlich auffasst, für den hat diese Frage überhaupt gar keinen Sinn. Wenn ich irgend jemanden frage, was schöner rieche, das Rosenöl oder der pythagoreische Lehrsatz, so würde eine etwaige Antwort, Rosenöl rieche angenehmer, nicht etwa richtig oder falsch, sondern einfach sinnlos sein, denn sie würde besagen, dass der Geruch jenes Lehrsatzes weniger angenehm sei; er würde also damit behaupten, dass irgend ein, wenn auch noch so ästhetisch gleichgültiger oder störender Geruch auch dem mathematischen Satz zukäme, während doch thatsächlich derselbe überhaupt nicht auf unsere Riechnerven zu wirken im stande ist, mithin überhaupt gar nicht zwei miteinander vergleichbare Riechempfindungen zur Beurteilung vorliegen; der Frage wie der Antwort fehlt also jede Unterlage. — Genau dasselbe gilt für jene ethische Frage. Wenn ich mich entscheide, dass die Pflichthandlung sittlicher sei als die Neigungshandlung, so sage ich damit, dass die letztere zwar weniger sittlich, vielleicht sogar unsittlich sei, aber jedenfalls irgend einen sittlichen Charakter besitze. Thatsächlich ist das nicht der Fall; unsittlich ist sie nicht, da sie keinem Gebot widerspricht, sittliche Leistung ist sie ebenfalls nicht, da sie nicht um des Gebotes, sondern um des Erfolges willen gethan wird, nicht Lust an der Handlung, sondern Lust an ihren Folgen das Motiv ist, sie kommt sittlich also überhaupt nicht in Betracht, sie gehört gar nicht in die Rubrik, in welcher von einem mehr oder weniger sittlich die Rede sein kann. Die Frage, was von beiden ist sittlicher, ist also wie jede etwaige Beantwortung derselben einfach sinnlos, weil das eine der beiden Objekte von jenem Standpunkt aus gar nicht existiert, weil es überhaupt nicht mit jenem Massstab gemessen werden kann. Soll eine Handlung aus der Sphäre der Sittlichkeit mit einer anderen Handlung verglichen werden, so bleibt mithin nur die eine Frage, welche wertvoller ist in Hinsicht auf die letzten höchsten Endzwecke, die wir als Ideale erkannten und denen wir das Entscheidungswort überlassen mussten.

Da aber scheint denn doch alles dafür zu sprechen, dass der Entwickelung und Vervollkommnung der Menschheit die Neigungsgefühle in weit reicherem Masse dienen als das sittliche Pflichtgefühl, jene somit als die absolut wertvolleren aufzufassen sind. Die Pflichtleistung muss eine innerlich gegenwirkende Unlust überwinden, die Neigungsäusserung fällt zusammen mit der eigenen Lust. Die psychophysische Arbeit, die geleistet werden muss, ist daher bei der sittlichen Leistung so unendlich grösser als bei der Neigungshandlung, dass ein sehr viel geringerer Reiz oder eine sehr viel kleinere Zahl summierter Reize genügen wird, die letztere im Organismus auszulösen, als die erstere hervorzurufen. Der grössere Kraftaufwand der Gewissenshandlung, der uns für die sittliche Beurteilung der Einzelpersönlichkeit so wertvoll erschien, ist mithin vom Standpunkt der natürlichen Entwickelung überall dort schädlich, wo derselbe Erfolg mit geringerem Kraftaufwand erzielt werden kann. Die Natur nähert sich somit ihren Zielen schneller und sicherer, wenn sie möglichst viel Pflichthandlungen in Neigungshandlungen umwandelt und somit den psychophysischen Apparat der Einzelindividuen soweit möglich entlastet. Genau so wie für jedes Individuum bewusste Bewegungen fortwährend in unbewusste übergehen, ja die höhere Entwickelung des einzelnen undenkbar wäre, wenn nicht die Mehrzahl der Bewegungen, wie Gehen, Sprechen, Schreiben, aus dem Blickfeld des Bewusstseins herausgedrängt würden und so die Aufmerksamkeit sich immer neuen höheren Aufgaben zuwenden könnte, ebenso müssen die mit Hilfe des Gewissens eingeprägten Pflichthandlungen fortwährend in Neigungshandlungen übergehen, wenn der einzelne im stande sein soll, immer komplizierteren Lebensaufgaben den sittlichen Willen zuzuwenden. Würde der Erwachsene noch bei jeder That, die er als Knabe nur aus Gewissensregung unter Ueberwindung andersgerichteter Wünsche vollbracht, ebenfalls auf sein Pflichtgefühl angewiesen sein, statt sich auf seine Neigungen verlassen zu können, so würde er im Aufgabenkreis des Knaben stehen bleiben müssen, oder aber in stetigen Gewissenskämpfen und inneren Konflikten seine geistige Energie allmählich verbrauchen. Erst der Uebergang von sittlichen Handlungen in sympathische ermöglicht die stetige Erweiterung des Pflichtenkreises und vergrössert somit kontinuierlich die Zahl der entwickelungsförderlichen Handlungen.

Dass dieser ontogenetischen Verschiebung eine phylogenetische entspricht, lässt sich unschwer erkennen. Wie der einzelne Mensch, so erweitert auch die ganze Menschheit stetig ihren Pflichtenkreis und vermag es eben dadurch, dass sie Pflichtantriebe in sympathische Instinkte umsetzt. Die Begeisterung sittlichen Opfermutes, die fortreissende Macht sittlicher Beispiele, die wachsende Bedeutung sittlicher Aufklärung kann nicht verloren gehen; ihre Wirkung beruht für die gesamte Entwickelung darin, dass die Befolgung der Gebote immer leichter und müheloser wird, die gegenwirkende Unlust immer geringer, der Erfolg somit immer sicherer und wahrscheinlicher, bis schliesslich die Befolgung selbstverständlich, die gegenstrebenden Gefühle beseitigt, die Pflicht in Neigung übergegangen ist. Was die eine Generation nur widerstrebend erlernte, was ihr mühsam nur dadurch anerzogen werden konnte, dass es ihr in erzieherischer Fiktion mit Folgen verknüpft wurde, die an das eigene Wohl und Wehe sich richteten, und schliesslich in Gewissensregung sich umsetzte, die stark genug war, die widerstrebenden Gefühle zu überwinden: das hat die folgende Generation schon in glänzenden Beispielen ausführen gesehen, sie hat es aufwachsend so als Allgemeingut in sich aufgenommen, dass es für sie schon selbstverständlich und natürlich geworden ist, und aus Gewohnheit, aus Sympathie oder jedenfalls mit sehr viel geringerem Opfermut gethan wird, was dort noch sittliche Leistung war.

So hat die Menschheit langsam die edelsten Triebe in sich herangebildet, stetig fortschreitend zu einer humanen Sympathie, in der der einzelne willig, ohne Widerstreben, aus Freude am Erfolg, und somit ohne eine sittliche Leistung zu vollbringen, sich selber hingibt für die Aufgaben der Menschheit. Und dieser Uebergang aus Pflicht in sittlich indifferente Neigung wird fortwährend ergänzt durch Uebergang in andere, sittlich ebenfalls gleichgültige Lebensformen, vor allem in die der Wirtschaft. Was unter diesen Kulturbedingungen nur sittliches Gebot war und sich an das Gewissen wendete, kann unter anderen Verhältnissen zur wirtschaftlichen Maxime werden, die nur an den Egoismus sich richtet und somit ebenfalls die Sittlichkeit entlastet; die Tugend der Gastfreundschaft für Reisende ist heute längst von der Volkswirtschaft in sittlich indifferente Formen übergeführt. Andere Pflichtgebote übernimmt unter unseren komplizierten sozialen Lebensformen die Macht des Staates und schreibt so als Gesetz, das zunächst nur an die Furcht vor Strafe, nicht an das sittliche Gefühl sich wendet, Handlungen vor, die früher nur vom Gewissen kontrolliert wurden. Wirtschaft wie Gesetz erspart dem einzelnen den Konflikt seiner Gefühle, es wendet sich direkt dort an seine persönliche Hoffnung, hier an seine persönliche Furcht, und kann somit der Menschheitsentwickelung den nützlichen Handlungserfolg im einzelnen Fall sehr viel sicherer gewährleisten, als wenn wie bei der Pflicht der dem unmittelbaren Gefühl gegenüberstehende Affekt nicht Hoffnung und Furcht für die eigene Person, sondern Lust oder Unlust an der Handlung selbst ist.

Demjenigen, der mit freierem Auge die Entwickelung der Gegenwart zu überblicken im stande ist, kann es schwerlich entgehen, dass unsere eigene Zeit dahin drängt, die Sittlichkeit in der allgemeinen Wertschätzung in den Hintergrund treten zu lassen und dafür andere, wichtigere Faktoren der sozialen Entwickelung zu bevorzugen. Das Unsittliche scheuen wir heute nicht minder, als man es vor hundert Jahren that; der Umstand, dass die Sittengebote selbst sich' seitdem in manchen Punkten verändert haben, wir manches unsittlich nennen, was damals erlaubt schien, ist davon natürlich ganz unabhängig. Das Sittliche dagegen, so wie damals, allem sittlich Indifferenten vorzuziehen, das widerstrebt dem Geiste, der unsere Zeit erfüllt. Uns ist es heute viel mehr wert, wenn der einzelne in frischer lebensfreudiger Thatkraft wacker mitarbeitet an der allgemeinen Entwickelung, indem er seinen gesunden Anlagen und Neigungen folgt, als wenn er in thränenreicher Resignation Opfer bringt und edelmütig verzichtet. Wir wollen nicht tugendhaft, sondern tüchtig sein, ja die Tugendseligkeit der urgrossväterlichen Generation berührt uns geradezu fremdartig. Das spiegelt sich auch in der Litteratur, wo die gesunde Kraft breitester Volksschichten zum Richter sitzt; das Reinmoralische hat seine Gunst verloren und gilt als fade. Nur in der mit römischer Republikanertugend grossgezogenen Gymnasialjugend werden die edlen Tragödiencharaktere noch vorgezogen; uns aber steht Perikles näher als Cato.

Hierin eben liegt auch der Grund, weshalb das Nationalitätsgefühl bei uns heute im allgemeinen viel energischer wirkt als das Humanitätsgefühl. Vom sittlichen Standpunkt ist die humane That der nationalen unbedingt vorzuziehen, denn je weiter der Kreis, auf den sich die Handlung erstreckt, desto geringer ist der Anteil, den der einzelne Handelnde von den nützlichen Folgen seiner That hat, desto grösser somit sein persönliches sittliches Verdienst. Vom Standpunkt der Entwickelung, von dem aus die sittlich minderwertige oder indifferente That ja so häufig den Vorzug verdient vor der sittlichen, kann dagegen sehr wohl unter gewissen Bedingungen die nationale That wertvoller scheinen als die humane. Wie hat doch noch kürzlich das stolze Wort unseres Kaisers die Nation beglückt, als er verkündete, dass lieber zweiundvierzig Millionen Deutsche auf der Walstatt bleiben sollen, ehe ein Stein deutschen Besitztums verloren ginge. Noch Goethe hätte mit ernster Besorgnis dazu den Kopf geschüttelt, dass lieber Millionen Menschen mit all ihrem Können und Wissen zu Grunde gehen sollen, ehe ein Streifen Landes aus dem Besitz einer Kulturnation in den einer anderen übergehen soll, während heute jenes patriotische Wort überall jubelnden Beifall findet. Vom Standpunkt der Sittlichkeit, die allgemein menschlich und deshalb stets kosmopolitisch ist, war die ältere Auffassung die allein berechtigte, vom Standpunkt der natürlichen Entwickelung lässt sich aber nicht verkennen, dass es historische Perioden gibt, in denen nur die kraftvolle selbstbewusste Betonung der Nationalität dem allgemeinen Fortschritt dienen kann und ihm mit seinem, alle Kraft anspornenden Wettstreit der Nationen ausgiebiger dient als mit schlaffen, vaterlandslosen Sittlichkeitsgefühlen. Dass auch unter diesem Gesichtspunkt die mächtige Entfaltung des Nationalgefühls nur um solcher Zwecke willen da ist, die weit höher liegen als die unmittelbar vom Patriotismus erstrebten, dass die reichste Erfüllung nationaler Hoffnungen nur Mittel zum Zweck, nicht Selbstzweck sein darf, versteht sich von selbst; dem Patriotismus des einzelnen darf diese Erwägung aber keine hemmende Grenze setzen.

Wir sehen somit in der Menschheit, in segensreicher Annäherung an ihre höchsten Ideale, fortwährend sittliche Leistungen in sittlich indifferente sich umwandeln — muss somit nicht eines Tages die Sittlichkeit ihre Aufgabe erschöpft haben und überflüssig werden? Wahrscheinlich nein! Sowie der Uebergang bewusster Bewegungen in unbewusste nicht den Sinn hat, dass der Mensch schliesslich zum bewusstlosen Reflexapparat wird, vielmehr sein Bewusstsein gerade durch jenen Uebergang immer reicheren Inhalt aufnehmen kann, so wird auch die Aufgabe der Sittlichkeit wohl nie erschöpft werden, denn diese Aufgabe selbst erweitert sich stetig. Würden die Gebote der Sittlichkeit immer dieselben geblieben sein, so hätte sie allerdings wohl bald ihre Rolle ausgespielt, denn was im Beginne menschlicher Sittlichkeit als Pflichtgebot galt, das wird wohl im allgemeinen von den entwickelteren Gliedern der menschlichen Gesellschaft heute ohne Ueberwindung andersgerichteten Wunsches schon aus sittlich gleichgültigen Motiven vollbracht. An ihre Stelle sind dafür aber, in Wechselwirkung mit den so erreichten Erfolgen, immer neue Gebote und Verbote getreten. Jener Umstand, der auf bestimmter, verhältnismässig noch niedriger Komplikationsstufe der Menschheit die Entstehung der Sittlichkeit bedingte, nämlich die Thatsache, dass die ursprünglichen Hilfsmittel zur Produzierung entwickelungsförderlicher Willenshandlungen nicht mehr für die Erhaltung der Menschheit ausreichten und somit die Sympathie, Gewohnheit, Egoismus u. s. w. von der Natur ergänzt werden mussten durch das neue Hilfsmittel der Gewissensausbildung mittelst Geboteinprägung: dieser Umstand bleibt ja immer neu, solange die Differenzierung des Menschengeschlechts stetig zunimmt, d. h. immer neue Bedürfnisse, dementsprechend immer neue Mittel zu ihrer Befriedigung und daraus erwachsend wieder immer neue Bedürfnisse entstehen. Die Sittlichkeit auf der einen Stufe würde auf der nächsten überflüssig sein, würde von Instinkten und Trieben abgelöst sein, ihre Gebote würden zu selbstverständlichen Maximen geworden sein, wenn nicht inzwischen auch jene soziale Komplikation gestiegen wäre und für sie nun wiederum die Lebensformen der früheren Stufe zur Erhaltung der Gesellschaft nicht mehr ausreichten, neue Hilfsmittel der Thätigkeitsregulierung einsetzen müssten,

d. h. neue Gebote und Verbote aus den bestehenden Verhältnissen sich entwickeln und mit neuen Aufgaben sich an das Gewissen der Generation wenden müssten. Dieser Prozess wird voraussichtlich niemals enden, eben weil in jedem menschlichen Fortschritt die Bedingung zu neuer Differenzierung gegeben ist und diese ihre neuen Aufgaben, deren Erfüllung für sie Voraussetzung der Selbsterhaltung ist, zunächst nicht anders lösen kann, als durch den Appell an das Gewissen. Trotzdem ist es klar, dass der Gedanke, dieser Prozess könne aufhören, die Komplikation der menschlichen Gesellschaft könne beendet sein oder die neuen Aufgaben könnten auf anderem Wege, als auf dem neuer Gebote gelöst werden, an sich nichts Widersprechendes, nichts Unlogisches enthält. Es würde von jener Epoche an die Menschheit sich erhalten können, wofern nur die Gebote erfüllt würden, die für ihre erreichte Komplikationsstufe zur Erhaltung nötig wären, neue Gebote würden nicht mehr hinzutreten. Die bestehenden Gebote würden dann aber, wie wir sahen, allmählich überflüssig werden, indem die Pflichthandlungen mit immer geringerem Gefühlswiderstand und schliesslich aus Neigung vollbracht würden, und so würde nach gewisser Generationenzahl die Sittlichkeit thatsächlich ihres Amtes enthoben sein, Gewissen und Pflicht inhaltleere Worte werden. In dieser fingierten Zukunftszeit würde keine einzige Handlung vollzogen werden, die irgend welchen sittlichen Wert beanspruchen könnte; vom Standpunkt dessen, der den Menschheitszweck in der Produzierung eines möglichst grossen Quantums Sittlichkeit erblickt, wäre es also eine Zeit des Untergangs und der Verderbnis. Mit dem höheren Massstab der natürlichen Entwickelung gemessen, wäre es eine Zeit voll Fortschritt und Vervollkommnung, da sie wie keine andere die Ausführung aller der Handlungen gewährleistet, die der Entwickelung notwendig sind, viel sicherer gewährleistet, als jene Zeit, die so viele entwickelungsförderliche Thätigkeiten erst mühsam, unter Opfern an Lebensfreudigkeit und somit an Arbeitskraft, den widerstrebenden Individuen abringen musste. Die Realisierung dieser Fiktion ist nur unter den übersehbaren Bedingungen deshalb so unwahrscheinlich, weil es ja gerade jene, dadurch geförderte Entwickelung, ist, die ihrerseits neue Aufgaben und mit ihnen neue Gebote, also neue Anforderungen an die Selbstüberwindung, an das Pflichtgefühl, an das Gewissen stellt. Und dennoch ist diese Fiktion vom denkbaren Ende aller Sittlichkeit uns wichtig und wertvoll. Die ganze Betrachtung der sittlichen Entwickelung und ihres Wertes hat uns ja scheinbar weit weggeführt von unserem ursprünglichen Problem, dem Ursprung der Sittlichkeit. Aber gerade diese äussersten Konsequenzen des gewonnenen Standpunktes, gerade diese Denkbarkeit des sittlichen Endes ist es, die helles Licht auf den sittlichen Anfang wirft. Man muss klar und unbeirrt erkennen, dass die höchsten Ziele der Menschheit von aller Sittlichkeit unabhängig sind, dass sittlich wertlose Handlungen für die Entwickelung und Vervollkommnung der Menschheit unendlich wertvoller sein können, als es sittliche Leistungen sind, ja dass unter bestimmten Kulturbedingungen die Sittlichkeit ihr Ende finden kann, ohne dass die Menschheit auch nur im geringsten ihren natürlichen und idealen Zielen abwendig gemacht wird: dann erst wird die Thatsache deutlich hervortreten, dass auch der Anfang der Sittlichkeit durchaus nicht notwendig mit dem Anfang menschlicher Entwickelung zusammenfiel, dass ihr Ursprung einer bestimmten Differenzierungsstufe der Menschheit und mannigfacher Vorbedingungen in den sozialen Lebensformen bedurfte, dass sie wie zahlreiche andere psychische und physische Eigenschaften in der Welt der Lebewesen lediglich der Selbsterhaltung der Art zu dienen hatte und dass die natürliche Entwickelung für die Sittlichkeit, nicht umgekehrt, Richtung und Ziel vorgeschrieben hat. Man mag diese Thatsachen von dem so wichtigen Standpunkt des sittlichen Menschenerziehers bedauern, denn in der That ist sie nicht geeignet, den schwachen Charakter zu stärken; nur der starke, pflichtbewusste Sinn des wahrhaft Gebildeten kann ohne Schaden sie verarbeiten, der Halbreife kann ihr manches sophistische Argument für seinen sittlichen Leichtsinn entlehnen. Aber das alles gibt kein Recht, die Thatsachen zu leugnen; der Chemiker hat nicht zu fragen, ob der Stoff, den er beschreibt, dem Organismus ein Gift sei. So sehr wir die Berechtigung des sittlichen Pädagogen betont, dass er zur Erfüllung seiner Aufgabe seinen Gesichtskreis so verengert, als wäre sein Ziel das höchste aller menschlichen Thätigkeit, als wäre der Mensch um der Sittlichkeit willen da, so entschieden muss der Wissenschaft das Recht und die Pflicht zustehen, den höheren Standpunkt zu wahren, der auch jenes Ziel nur als Vorstufe zu Höherem erfasst. Die Wissenschaft soll deshalb die Thatsachen nicht verschweigen. Noch weniger aber sollte sie auch all den wertvollen Lebensformen und Entwickelungsprodukten, wie Wissenschaft und Kunst, Staat und Wirtschaft, Religion und Neigungsgefühl, willkürlich den Stempel der Sittlichkeit aufprägen, um nur die Sittlichkeit auf Erden für unsterblich erklären zu können, um alles und jedes menschlicher Thätigkeit unter sittlichen Urteilsspruch zu bringen, und so das Weltall und die Menschheit, dem sittlichen Erzieher gleich, dem Gesichtspunkt des Sittlichen unterordnen zu können. Nein, sittlich ist und bleibt nur diejenige Handlung, welche trotz Unlust am Erfolg aus Lust an der Handlung selbst, aus Lust an der Handlung um eines Gebotes willen, zustande kommt.

Uebertragen wir diesen Gedanken in die Sprache der evolutionistischen Sittlichkeitslehre, die ihr beredtestes Bekenntnis in Wundts Ethik niedergelegt hat. Es bleibt Wundts unbegrenztes Verdienst, den Begriff des Gesamtwillens in das Gebiet der empirischen Psychologie eingeführt zu haben; in der That ist das Gesamtbewusstsein ebenso wirklich, wie das Einzelbewusstsein, der Gesamtwille genau so real, wie der Einzelwille. Wir stimmen darin vollkommen mit Wundt überein; wo beginnt also die Differenz? Auch dem können wir ja beipflichten, dass normalerweise jede Handlung des Einzelwillens unsittlich ist, die dem Gesamtwillen zuwiderläuft. Nur die Umkehrung müssen wir bekämpfen: nicht jede Handlung des Einzelwillens, die in der Richtung des Gesamtwillens sich bewegt, ist sittlich, und dieser Widerspruch ist allerdings von weittragender prinzipieller Bedeutung.

Welch andere Rolle wird dadurch der Sittlichkeit zugewiesen! Nach der evolutionistischen Ethik handelt der Einzelwille sittlich, wenn er dem Gesamtwillen nicht widerspricht; was nicht unsittlich ist, ist somit sittlich. Und da der Gesamtwille seine Realität doch nur in der Mehrheit der Einzelwillen findet, mithin zu allen Zeiten die Mehrheit der Einzelwillen mit dem Gesamtwillen übereingestimmt haben muss und übereinstimmen wird müssen, eben weil sie mit ihm identisch ist, so wird und muss die Sittlichkeit demzufolge in Vergangenheit und Zukunft solange existieren, als es Einzelwillen geben wird und gegeben hat; der Gedanke, dass die Sittlichkeit im Menschengeschlecht in bestimmtem Stadium begonnen hat oder endigen wird, wäre somit geradezu sinnlos.

Das Gegenteil ergibt sich von unserem Standpunkt. Ja, der Einzelwille ist eingeschlossen in das Wirken und Schaffen des Gesamtwillens, seine Ziele und Zwecke sind eingefügt in das unablässig treibende Gestalten der universalen Willenskraft, aber das ist noch lange keine Sittlichkeit, wenn wir der umfassenderen Zielsetzung nicht eigenwillig widerstreben, wenn wir uns tragen lassen von der Welle, nicht fühlend, dass sie uns hebt, nicht ahnend, wohin sie uns tragen wird.

In tausend Formen fügt sich der fortschreitende Wille der Menschheit, in Wissenschaft und Kunst, in Staat und Wirtschaft entwickelt sich die Gesamtheit, wir alle fördern mit unseren kleinen Wünschen und Bestrebungen, mit unserem winzigen Tagewerk, das gewaltige Werden, die erhabenen Zwecke; wir alle dienen dem Gesamtwillen, indem wir unsere Interessen erfüllen, wir alle sind seine Werkzeuge und wissen es selber nicht. Aber heisst das sittlich handeln, wenn wir der Lust unserer Launen frönen, der Neigung unserer Gefühle sklavisch gehorchen? Ist es unser Verdienst, dass unser Schaffen weiterwirkt, als unser Wollen es uns träumen lässt, dass unser dem Eigennutz und der Eigenfreude entsprungenes Werk mitwirkt an der Erfüllung höherer Zwecke, die nie in unserem Bewusstsein als Motiv gewirkt, dass alles, was Hunger und Liebe, was Schönheitsgefühl und Gewohnheit in uns zur That werden liess, fortzeugend mitschafft an der Verwirklichung jener Gesamtwillensmotive?

Solange es Einzelwillen gibt, solange werden

dieselben dem Gesamtwillen und seinen Zwecken dienen; ihm dient das Tier, das seiner Brunst folgt, ihm dient das Kind, das nach Nahrung schreit, ihm dient der Arbeiter, der für Tagelohn seine Kraft verhandelt, ihm dient der Freund, der aus Neigung dem Freunde beisteht, ihm dient der Kaufmann, der den Wirtschaftsverkehr den Bedürfnissen anpasst, ihm dient der Staatsmann und der Fürst, der die Interessen der Völker verteidigt und vergrössert, ihm dient der Künstler, der seine Anlagen und seine Neigungen auslebt, ihm dient der Gelehrte, der aus Wahrheitsdrang die Welt in sich nacherzeugt: aber mit dem Massstab der Sittlichkeit gemessen, ist die Handlung des Staatsmanns und des Gelehrten sittlich nicht wertvoller, als die Bewegungen des schreienden Säuglings, des brünstigen Tieres, denn jene wie diese sind sittlich völlig indifferent; jenen wie diesen fehlt das charakteristische Merkmal, nur deshalb, weil sie geboten sind, unabhängig vom Erfolge ausgeführt worden zu sein. Sie alle dienen dem Gesamtwillen, aber keiner vollbringt seine Handlung dem Gesamtwillen zu liebe der eigenen Neigung entgegen; sein eigener Zweck, nicht der letzte Zweck, dem sie objektiv dienen, wird als Motiv vom einzelnen antizipiert; die Richtung des Gesamtwillens wird von ihnen nicht als Gebot aufgefasst, oder richtiger, es bedarf für sie nicht der Rücksichtnahme auf dieses Gebot, der erwartete Erfolg ist hinreichender Handlungsgrund. Wir können mithin in der Sprache der Gesamtwillenstheorie sagen: dieselbe hat darin recht, dass der Einzelwille unsittlich handelt, wenn er dem Gesamtwillen widerstrebt, sie hat aber darin unrecht, dass sie den Einzelwillen sittlich nennt, wenn er dem Gesamtwillen entspricht. Dass der Einzelwille dem Gesamtwillen entspricht, ist der natürliche normale Zustand, der mit der Sittlichkeit gar nichts zu thun hat, der Sittlichkeit voranging und dieselbe denkbarerweise überleben mag; die dem Gesamtwillen entsprechende Handlung des einzelnen ist an sich somit sittlich indifferent. Nur dann wird sie zu einer sittlichen, wenn sie den Zwecken des Einzelwillens widerspricht und von diesem lediglich aus Rücksicht auf den Gesamtwillen bevorzugt wird; wo sie dem einzelnen Unlust

bereitet und dennoch ausgeführt wird, weil die Gesamtheit es
gebietet; wo sie dem einzelnen Freude verspricht und dennoch
unterlassen wird, weil das Verbot der Gesamtheit stärker wirkt
als die Erwägung der eigenen Interessen und Neigungen.
Niemand hat den neigungswidrigen Pflichtcharakter jeder
sittlichen Handlung energischer verteidigt als Kant, und diese
Grundlage seines Systems sollte uns nicht verloren gehen.
Das soll nicht heissen, dass die Wissenschaft vom sittlichen
Leben auf den Standpunkt zurückgeschraubt werden soll,
den die »Kritik der praktischen Vernunft« vertritt. Im
Gegenteil; sind doch die Konsequenzen, die wir soeben über
den Ursprung, die Entwickelung, die Bedeutung, den Wert
des Sittlichen aus dieser Kantischen Voraussetzung abgeleitet,
Kants Anschauungen diametral entgegengesetzt. In der That
ist ein unbedingtes Zurückgehen auf Kants Lehre von der
moralischen Natur des vernünftigen Wesens heute undenkbar;
zu grosse Fortschritte sind seitdem errungen, vor allem das
ethische Erfahrungsmaterial hat zu sehr an Ausdehnung gewonnen, als dass es noch in die Kantische Lehre hineinge-
zwängt werden könnte. Zwischen den beiden kongenialen
Werken, Kants Ethik und der Ethik Wundts, die den Höhepunkt der heutigen Untersuchungen darstellt, liegt ein Jahr-
hundert, dessen Arbeitsergebnisse sich am deutlichsten in der
typischen Thatsache aussprechen, dass Wundt die Völkerpsychologie als Vorhalle der Ethik betrachtet.

Aber Wundts Untersuchungen enthalten eine Lücke; sie
betrachten lediglich die objektiven Gebote und Verbote,
welche bei uns heute der sittlich Handelnde zu erfüllen bestrebt
ist, sie befassen sich aber nicht mit derjenigen subjektiven Leistung, in der das Wesentliche der Sittlichkeit, ihr charakteri-
stischer Inhalt, liegt. So sind denn, was Wundt als sittliche
Motive hinstellt, thatsächlich nur diejenigen Motive, aus welchen Handlungen ausgeführt werden, die in ihrem objektiven
Erfolge unseren Geboten und Verboten entsprechen; die Motive selbst sind der Mehrheit nach sittlich indifferent. Dasselbe gilt von allen übrigen Teilen des Buches, von der Darstellung der sittlichen Zwecke, der sittlichen Imperative und,

was uns hier allein interessiert, der sittlichen Entwickelung. Der Ursprung der Sittlichkeit liegt daher für die völkerpsychologische Ethik dort, wo zum erstenmal Handlungen ausgeführt wurden, die unseren Geboten entsprechen; ob diese Handlungen subjektiv sittliche Leistungen sind, ob sie somit überhaupt nach ihrer psychologischen Entstehung qualifiziert sind, zu den sittlichen gerechnet zu werden, danach wird nicht gefragt. Gerade an diesem Punkt, bei der Frage nach dem Ursprung der Sittlichkeit, tritt diese Lücke der modernsten Ethik besonders störend hervor. Wir wollen wissen, wann zum erstenmal Pflichthandlungen vom Gewissen angeregt wurden, wann zum erstenmal Willensleistungen auftraten, welche den Wert einer sittlichen That besassen. Dort liegt der Ursprung der Sittlichkeit, nicht da, wo subjektiv sittlich wertlose Handlungen begonnen haben, die nur im äusseren Erfolg mit unseren Geboten harmonieren. Gerade dieses Problem mahnt daher am lautesten, dass, so unvergänglich wertvoll alle die völkerpsychologischen Untersuchungen über die Entwickelung und die Motive der unseren Geboten im objektiven Effekt entsprechenden Handlungen sind, dennoch im eigentlichen Mittelpunkt der Betrachtung des sittlichen Lebens die subjektiv sittliche Leistung, Pflichtgefühl und Gewissen, stehen muss, dass eine Prüfung, worin denn eigentlich der wesentliche Gehalt der Sittlichkeit ruht, aller Ethik vorangehen sollte. Und wenn wir sehen, wie, statt solcher Prüfung, gemeinhin bei der ungeprüften Annahme stehen geblieben wird, die Sittlichkeit bestände in der Hervorbringung bestimmter äusserer Wirkungen, gleichviel aus welchen Motiven, wenn nur der Effekt unseren Geboten entspricht, dann drängt sich allerdings der Wunsch auf, es möge auch in unserer Zeit, der die Kantische Ethik veraltet erscheint neben seiner stets jugendfrischen Erkenntnistheorie, dennoch in diesem wichtigsten Punkt der praktischen Philosophie ein Zurückgehen auf Kant das Losungswort des Tages werden, nicht zur Bekämpfung, sondern zur Ergänzung der modernsten Ethik.